혹여 거절당할까, 조롱당할까 두려워

한 마디 말도 전하지 못하고 돌아서야만 했던 아픔의 전도자여,

예레미야의 심정으로 "와 보라!" 외쳤지만 반응이 없어

번아웃 되어 지쳐 있는 전도대원들이여,

다시 시작합시다!

153은 우리 모두에게 주신 약속입니다.

던지면 잡히는

실천 솔루션을 소개합니다.

복음에 빚진 자

전도절벽,
물맷돌로 돌파하라

Limits of Mission,

Breakthrough with the Stones of David

* 이 책은 《물맷돌 생활 전도》의 개정증보판입니다.

전도절벽, 물맷돌로 돌파하라

지은이 | 정재준
초판 발행 | 2023. 8. 16.
2쇄 | 2024. 4. 2.
등록번호 | 제1988-000080호
등록된 곳 | 서울특별시 용산구 서빙고로65길 38
발행처 | 사단법인 두란노서원
영업부 | 2078-3352   FAX | 080-749-3705
출판부 | 2078-3331

책값은 뒤표지에 있습니다.
ISBN 978-89-531-4536-8 03230

독자의 의견을 기다립니다.
tpress@duranno.com   www.duranno.com

두란노서원은 바울 사도가 3차 전도여행 때 에베소에서 성령 받은 제자들을 따로 세워 하나님의 말씀으로 양육하던
장소입니다. 사도행전 19장 8-20절의 정신에 따라 첫째 목회자를 돕는 사역과 평신도를 훈련시키는 사역, 둘째 세
계선교(TIM)와 문서선교(단행본·잡지) 사역, 셋째 예수문화 및 경배와 찬양 사역, 그리고 가정·상담 사역 등을 감당하고
있습니다. 1980년 12월 22일에 창립된 두란노서원은 주님 오실 때까지 이 사역들을 계속할 것입니다.

전도절벽, 물맷돌로 돌파하라

정재준 지음

두란노

목차

PART 3.

골리앗 앞에 서다

PART 4.

실전 편_전도자의 무기

《전도절벽, 물맷돌로 돌파하라》는 저자가 30년 가까이 안산 시민들과 시흥시, 화성시에서 사업하는 분들을 섬기며 전도한 비법을 구체적으로 보여 주는 책입니다. 책을 읽는 것에서 그치지 않고 그대로 실천한다면 누구나 전 가족과 이웃 전도의 절벽을 돌파할 수 있을 것입니다. 저자의 오랜 수고로 만들어진 이 책을 적극 추천합니다.

• 김인중_안산동산교회 원로목사

정재준 장로님은 한국 교회의 보배요 존귀한 하나님의 사람입니다. 저자의 물맷돌 전도법은 오랜 체험과 기도에서 나온 생활 전도의 결정체입니다. 누구나 도전할 수 있고 전도에 대한 막연한 두려움을 없애 주는 실천적 전도 비결! 물맷돌 전도를 통해 영혼 구원의 기쁨을 맛보아 아는 영적 혁명을 체험하기 바랍니다.

• 황성주_KWMA 부이사장, 사랑의병원 원장

저자는 삶에서 말씀을 살아 내는 분입니다. 그는 주님 닮은 인격과 주님의 소원인 영혼 구원의 열정을 가졌습니다. 열정만 가진 분이 아닙니다. 누구나 따라할 수 있는, 쉽고 구체적인 전도 전략으로 또 다른 전도자를 양육하기에 탁월한 실력을 겸비하고 있습니다. 그 전략이 바로 물맷돌입니다. 다윗에게 가장 익숙한 것은 사울이 쥐어 준 칼도 아니고, 갑옷이나 창도 아니었습니다. 평소에 늘 손에 쥐고 다녀서 익숙했던 물맷돌이었습니다. 마찬가지로 저자는 평소 사람들에게 복음을 증거하다가 바로 이 전도의 물맷돌 다섯 개를 찾았습니다. 이 물맷돌로 이벤트로서의 전도가 아니라 실재적인 전도가 되게 하고 있습니다.

누구든지 이 책을 읽은 후에는 전도에 도전을 받게 될 것입니다. 두려움 없는 전도, 쉬운 전도를 시작할 수 있을 것입니다.

• 유병근_전주완산교회 담임목사

저는 이 책이 지향하고 있는 '몸과 세포가 기억하는 방식의 전도, 선교적 삶으로서의 전도'에 마음이 끌립니다. 이 시대 전도에 관한 책들을 보면 대개 본질에 대한 수식 위에 화려한 전도 방식들을 첨가한, 거기서 거기인 경우가 많습니다. 과연 그런 책 위에 또 다른 전도 관련 책이 더 필요한 것인가 질문할 때가 있습니다. 그러나 이 책에서 말하는 몸으로 훈련하는 전도, 생활에서 실천하는 전도 이야기는 우리 시대에 가장 예민한 화두인 몸의 복음을 건드리고 있습니다. 머리에 호소하여 생각을 전환시키면 행동할 거라는 확신은 이미 시들고 있습니다. 이제 우리는 몸으로 훈련해서 생활에서 실천하는 전도에 마음을 기울여야 할 때가 되었습니다. 이 책의 가치는 거기에서 발견됩니다.

• 정갑신_예수향남교회 담임목사

'사랑하면 보인다'라는 말이 있습니다. 스물네 살 청년의 때에 영동선 야간열차에서 만난 여성을 첫눈에 사랑하게 되어 결혼해서 평생 한길을 가고 있는 저자는 이 메마른 시대 사람을 진정으로 사랑하는 보기 드문 분입니다. 저자는 사랑하는 사람을 위해 '다섯 개의 매끄러운 돌'(five smooth stones, 삼상17:40), 즉 위로, 칭찬, 격려, 질문, 경청의 오석(五石) 전략으로 관계를 맺어 함께 내 주변 이웃을 예수님 가족으로 만드는 삶의 목적을 바로 세우자고 외치고 있습니다. 이 책은 인생의 후반전을 살아가고 있는 저에게 이웃 영혼에 대한 깊은 생각을 하게 합니다.

• 유화웅_전 안산동산고등학교장, 현 예닮글로벌학교장, 박사

많은 사람이 입으로는 내 삶을 주님께 맡겼다고 고백하고 찬양하지만, 교회 문을 나서는 순간 자신의 바벨탑을 쌓기에 분주한 삶을 살아갑니다. 그런 우리에게 《전도절벽, 물맷돌로 돌파하라》는 성도의 참모습을 보여주는 귀한 책입니다. CBMC 회원뿐 아니라 그리스도인 기업인 모두가 고객들에게 '나도 네가 믿는 예수를 믿고 싶다'는 생각을 갖게 하는 신앙인이 되길 바라면서 이 책의 일독을 권합니다.

• 이대식_CBMC 직전회장

저자는 주 안에서 제가 만난 많은 사람 중 주님의 마음과 생각과 성품을 가장 많이 닮은 믿음의 선배입니다. 그동안 일터 사역의 현장에서 세심한 관계 속에 칭찬과 친화력으로 기도하며 복음을 전해 온 저자의 전도행전을 지켜봐 왔습니다. 그 핵심을 담은 이 책의 출간을 기쁨으로 축하합니다. 기업인과 전문인 그리스도인들에게 평생 사명인 전도를 두려움과 망설임 없이 도전하는 데 길라잡이가 되리라 확신합니다. 우리 모두가 생활 속에서 전도의 열매 맺는 귀한 삶을 누리기를 소망합니다.

• 백남헌_CBMC 전 경기서부연합회장

들이대 방식으로 전도를 하던 중 그물을 던져도 잡히지 않아 낙심하고 있을 때, 무더운 여름철의 냉수처럼 목마름을 해갈해 준 것은 바로 물맷돌 전도였습니다. 전도의 열매는 관계를 옥토로 기경하고, 한 영혼을 향해 예수님 마음으로 기도하고 섬기면 반드시 기회가 온다는 물맷돌 전도 훈련 레시피 대로 해 보았더니 그때부터 고기가 잡히는 놀라운 체험을 하게 되었습니다. 이후로 훈련한 내용을 소속된 CBMC 지회와 섬기는 교회 소그룹에서 적용하며 사람을 낚는 어부의 역할을 열심히 감당하고 있습니다. 이 책의 출간을 크게 기뻐하며 강력히 추천합니다.

• 김호주_CBMC 전 남부연합회장, 창조기업 대표이사

CBMC 지회장을 맡으면서 가장 부담스러웠던 것은 V.I.P 초청 잔치였습니다. 거창하게 기획되어 사람들이 밀물처럼 들어왔다가도 그 후에는 썰물처럼 빠지는 이벤트성 행사가 되곤 하여 그때마다 허탈해졌기 때문입니다. 전도는 숫자가 아니라 한 영혼을 향한 사랑의 섬김이라고 강조하는 저자의 안내에 따라 사업장에서 적용하고 있습니다. 어떻게 무엇으로 사랑의 섬김을 시작해야 하는지 막막했지만 잘 차려진 밥상에 앉은 것처럼 생활 전도의 원리를 모방하며 전도의 두려움을 이겨 나가고 있습니다. 저의 암울했던 전도 전선에 새로운 활력소가 되어 준 책입니다. CBMC 회원들뿐 아니라 이 땅의 많은 성도에게 필독을 권합니다.

• 최석천_CBMC 전 전남동부연합회장

이 시대를 '전도 절벽시대'라 합니다. 저 역시 구령의 열정이 불타올라 전도지를 들고 굿 뉴스를 전하기를 시도했지만 거절당할 때마다 전도의 절벽을 느끼곤 했습니다. 그럴 때 저자를 만나 물맷돌 전도를 배우게 되었습니다. 관점을 바꾸고 관계를 먼저 옥토로 기경하면서 물맷돌 다섯 개, 즉 황금기도, 황금언어, 섬김, 증언, 기록을 몸에 익혀 사용했더니 자연스러운 전도가 이루어졌습니다. 그뿐만 아니라 예수님을 자랑할 때마다 내 영과 몸이 춤추는 감동을 경험하고 있습니다. 일상에서 면류관을 얻도록 안내한 이 책이 기독실업인과 전문인 교회 직분자에게 친절한 안내서가 되리라 확신합니다.

• 안복환_CBMC 전 전주지회장, 전주안디옥교회 안수집사

'전도가 되지 않는다'는 말이 너무나 당연시되는 시대입니다. 특별히 요즘 같은 상황에 성도들에게 "너는 말씀을 전파하라 때를 얻든지 못 얻든지 항상 힘쓰라"(딤후 4:2)는 하나님의 명령을 강조하는 것이 목회자로서 너무나도 부담스럽습니다. 그런 이때에 '전도는 특권이

다'라는 주제로 다윗이 골리앗을 무너뜨릴 때 사용했던 '물맷돌 다섯 개'를 비유한 '물맷돌 생활 전도법'을 소개해 주는 책이 출간되었습니다. 전도에 탁월한 저자의 《전도절벽, 물맷돌로 돌파하라》를 통해 다시금 전도의 문이 활짝 열려 그 특권을 누리는 성도들이 많아지기를 진심으로 축복합니다.

• 김태식_평택제일교회 담임목사

저자의 '물맷돌 생활 전도법'은 전도의 관점을 새롭게 하는 전도법입니다. 전도자 자신의 변화가 출발점이라 합니다. 전도는 생각으로 하는 것이 아니라 몸으로 하는 것이라 합니다. 그런 저자의 외침을 적용하면서 목회자인 제 자신이 도전하고 있습니다. 전도자의 사명을 지속하는 비결은 바로 몸에 익힌 습관이라 여깁니다. 예수님의 전도 방식에서 길러낸 이 책이 새로운 전도의 길을 여는 안내서가 되기를 소망합니다.

• 조미숙_안산광림교회 목사

"일요일에는 뭐 하십니까?" 저자를 만난 사람이라면 누구나 들었을 말입니다. 그는 복음에 자신의 모든 초점을 맞춘 전도자입니다. 그래서 그의 이야기를 듣고 있으면 나도 그처럼 살아야겠다는 다짐이 생깁니다. 이 책을 읽으며 다시 한 번 주께로 시선을 고정했습니다. 그가 붙잡은 물맷돌 다섯 개를 내 삶의 일부로 만들어야겠다는 열망이 생깁니다.

• 조성의_그린시티교회 담임목사

이 시대를 '전도의 절벽 시대'라고 부른다는 것은 그만큼 전도의 부담감과 무게감이 커지고 있기 때문이겠지요. 그러한 때에 우리 모두에게 용기를 북돋아주는 정말 좋은 책이 나왔습니다. 도저히 이길 수 없는 상대인 골리앗 앞에서 고작 물맷돌 다섯 개로 도전장을 내밀었던 다윗, 그러나 그는 당당히 싸움에서 이겼습니다. 이 책은 바로 이 물맷돌 다섯 개의 힘으로 전도 절벽을 타개하는 새로운 방법을 소개하고 있습니다.

이 물맷돌 전도는 새로운 전도 방법이 아닙니다. 우리 그리스도인의 삶이 어떠해야 하는지 말해 주는 전도법입니다. 저자는 이것을 '생활 전도'라고 이야기합니다. 전도 절벽 시대 앞에 선 우리 모두가 이 책을 통해 기적의 전도 스토리를 써 내려가는 생활 전도자로 거듭나기를 간절히 소망해 봅니다.

· 김윤기_'바이블레이션' 유튜브채널 운영자, 목사

'현장에 답이 있다.' 경영계의 대표들이 자주 하는 말입니다. 이 책은 현장에서 찾은 생활 전도의 원리를 나눕니다. 저자는 어느 자리에 있을 때나 늘 전도의 현장에 있었습니다. 전도는 성도에게 부담 거리, 목회자에게 고민거리라고 합니다. 그러나 저자는 전도 현장에서 몸부림치며 직접 그 부담거리, 고민거리의 답을 찾았습니다. 그리고 마침내 많은 열매를 맺은 현장의 전도 이야기를 이 책에 담았습니다.

· 권종렬_광명 한우리교회 담임목사

그리스도인이라면 누구나 영혼을 살리는 전도에 마음을 두고 도전해 본 경험이 있으리라 생각합니다. 그러나 전도 현장은 복음을 거부하고 때로는 조롱하는 소리가 난무하기도 합니다. 그럼에도 예수를 전하는 일을 멈출 수 없기에 '물맷돌 전도 세미나'를 참석하게 되었고, 그곳에서 전도의 패러다임을 바꾼 '생활 전도법'을 듣고 훈련받으면서 '바로 이거구나!' 하고 탄성을 질렀습니다. 이 훈련을 받는 동안 내가 먼저 변화가 되었고, 전도가 자연스러운 일상이 되었습니다.

나는 이것을 혼자만 누릴 수 없어 섬기는 교회 청년들을 대상으로 12주간 '물맷돌 코칭 훈련'을 하고 있습니다. 《전도절벽, 물맷돌로 돌파하라》를 통해 교회마다 소그룹을 새 생명 공동체로 일궈 가는 무브먼트가 일어나기를 소망합니다.

• 김재호_모리아성구사 대표, 전주 한소망교회 장로

비대면비접촉의 시대, 직접적으로 사람을 만나거나 접촉하기 어려운 현실입니다. 정치, 산업, 소비트렌트, 인간관계 뿐 아니라 종교생활까지도 빠르게 변화하고 있습니다. 정재준 장로님의 생활밀착형 '물맷돌 생활 전도'는 골리앗 시대를 살아가는 성도에게 누구나 더 쉽게 할 수 있는 효과적인 전도 방법을 제시하고 있습니다. 포스트코로나 시대에 구체적이고 실제적인 전도 방법을 찾고 있는 모든 교회와 성도에게 적극 추천합니다.

• 김장원_안산동산교회 교구 담당 목사

문명사 적으로 대 변혁을 가져온 코로나19는 섬기는 교회와 저에게도 멘붕을 가져다주었습니다. 어떤 환경에 있을지라도 마땅히 복음을 흘려보내야 한다는 것을 알고는 있었지만, 이미 들이대 방식으로 무장되어 있는 교회는 어떻게 전도절벽의 상황을 돌파해야 하는지 갈피를 잡지 못하고 있었습니다.

그때 정재준 장로님의 유튜브를 통해 물맷돌 전도를 접했습니다. 코로나 때도 황금기를 누릴 수 있었다는 간증을 듣고 곧장 교회에서 전도 훈련을 실행하였습니다. 41명을 선발하여 7주간 지속된 훈련 과정을 마쳤을 때, 훈련자 모두가 변화되고, 복음을 전하는 것에 두려움이 사라졌다고 고백하는 것을 보게 되었습니다. 지금도 우리 교회는 자체적으로 전도 모임을 지속하고 있으며 작정된 120여 명을 섬기며 계속해서 어망을 던지고 있습니다. 전도에 지친 교회와 전도자들에게 희망이 되리라고 확신하며 이 책을 추천합니다.

• 김슬기_경주중앙교회 전도사

너희가 날씨는 분별할 줄 알면서 시대의 표적은 분별할 수 없느냐
마 16:3

[29] 그 날 환난 후에 즉시 해가 어두워지며 달이 빛을 내지 아니하며 별들
이 하늘에서 떨어지며 하늘의 권능들이 흔들리리라 [30] 그 때에 인자의
징조가 하늘에서 보이겠고 그 때에 땅의 모든 족속들이 통곡하며 그들이
인자가 구름을 타고 능력과 큰 영광으로 오는 것을 보리라 [31] 그가 큰 나
팔소리와 함께 천사들을 보내리니 그들이 그의 택하신 자들을 하늘 이
끝에서 저 끝까지 사방에서 모으리라 마 24:29-31

이르되 갈릴리 사람들아 어찌하여 서서 하늘을 쳐다보느냐 너희 가운데
서 하늘로 올려지신 이 예수는 하늘로 가심을 본 그대로 오시리라 하였
느니라 행 1:11

이것들을 증언하신 이가 이르시되 내가 진실로 속히 오리라 하시거늘 아
멘 주 예수여 오시옵소서 계 22:20

위대하신 왕의 귀환을 사모하며 기다리는 슬기로운 신부와 교회에게 복음을 더 뜨겁게, 전략적으로 전파해야 할 이유와 사명이 더 명확해졌습니다. 한국 교회는 이 사명을 수행하기 위해 그동안 수많은 세미나와 전도 프로그램을 도입하여 다양한 방법들을 시행해왔습니다.

한동안은 나름의 성과가 있는 듯 보였습니다. 그러나 과거 불특정 대상자를 향해 무작정 전도를 했던 방식은 코로나 팬데믹 상황에 맞닥뜨리자 한계에 봉착했습니다. 여기서 우리는 생활 전도가 답임을 확연히 깨닫게 되었습니다. 그 시점에 몸으로 익혀 생활 현장에서 자연스레 전하는《물맷돌 생활전도》를 출간했습니다.

그 당시 우리는 이전에 경험하지 못한 코로나라는 전 세계적 질병과 맞닥뜨렸습니다. 당연하게 누려왔던 일상의 모든 것이 정지된 상태에 큰 혼란이 왔습니다. 그러나 물맷돌 전도는 황금기를 맞이하였습니다. 그 비책은 2010년부터 몸으로 익힌 물맷돌 다섯 개였습니다.

물맷돌 생활 전도,
코로나 시대에 더욱 빛을 발하다

팬데믹 기간 동안 시행되었던 사회적 거리두기로 인하여 만남이 제한되었습니다. 기존 방식으로는 이런 환경에서 전도하기 역부족이었습니다. 그러나 다윗의 영성에서 촉발된 물맷돌 전도는 당사자 간에 약속이 된 일대일 방식으로 진행이 되었기에, 현 상황을 돌파할 전략으로 활용했습니다. 기도하는 중에 감동이 온 대상자를 찾아가 교제를 나누는 시간은 무척이나 흥분이 되었습니다. 비록 마스크를 착용하고 있지만, 약속을 잡고 여유로운 시간에 만나 대화에 집중할 수 있는 상황이 주어짐에 감사했습니다. 차분하게 이야기를 경청하고 추임새를 넣고 대화의 흐름에 맞는 질문을 나누는 사이 복음의 씨앗이 자랄 수 있는 생태계가 형성되고 있음을 발견했습니다.

돌아보니 코로나 기간에 많은 분들과 대화를 했습니다. 대화의 주제는 대부분 건강과 인생의 참 성공이었지만, 결론은 하나, '예수 그리스도'였습니다. "예수 이름의 뜻과 그분이 어떤 분이신가?" "왜 그분을 만나야하는가?" "나는 왜 그분을 소개하는가?" "왜 교회마다 저주 형벌의 상징인 십자가를 걸어 놓았는가?" 등의 주제였습니다. 여유 있고 차분하게 대화를 나누며 서로의 이야기를 듣고 위로하고, 격려할 때 그들의 눈빛이 희망의 빛으로 물들여짐을 발견했습니다. 물맷돌 전도법은 어떤 상황에서도 막힌 장벽을 넘을 수 있으며, 이후에 더 어려운 장벽이 나타나더라도 당황치 않고 극복할 수 있는 방법임을 확신합니다.

왜 훈련 워크북을 준비하게 되었는가?

우리는 때때로 머리로는 이해를 하지만 실제 현장에서 습득한 것을 활용하지 못할 때가 많습니다. 그 이유는 몸에 익히는 훈련을 하지 않아, 체득되지 않았기 때문이라고 생각합니다.

너희 빛이 사람 앞에 비치게 하여 그들로 너희 착한 행실을 보고 하늘에

계신 너희 아버지께 영광을 돌리게 하라 마 5:16

이 말씀이 저에게 울림이 되어 용기를 주었습니다. 계속 진행하며 보강을 하고 있는 미완성 방법이지만 지금까지 셀프 훈련을 통해 확실시 된 레시피를 모든 지체와 공유하기로 했습니다. 이 작은 훈련 노트가 전도 절벽을 만난 교회와 직분자 모든 지체에게 마라나타 신앙이 정립되고 교회는 부흥의 단초가 되기를 소망합니다.

2023년 8월

정재준

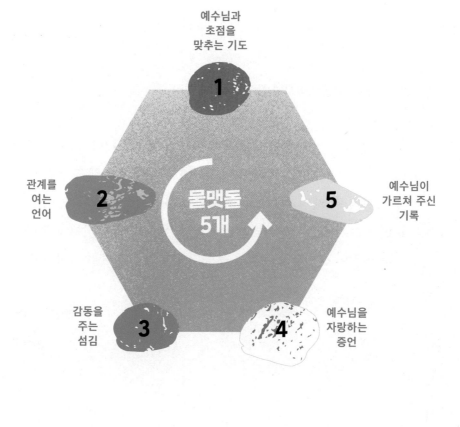

예수님과
초점을
맞추는 기도

1

관계를
여는
언어

2

물맷돌
5개

예수님이
가르쳐 주신
기록

5

감동을
주는
섬김

3

4

예수님을
자랑하는
증언

PART 1

물맷돌을
줍다

chapter 01.

그분이 약속한 이름,
전도자

"고객님, 죽을 준비가 되어 있습니까?"

1980년대는 한국 교회에 전도 열풍이 참 강하게 불던 때였다. 그 무렵 시골의 한 이발사가 전도를 받아 교회에 출석했다. 그는 주일 예배 때마다 설교를 통해 전도의 당위성과 방식을 듣곤 했다.

그가 들은 전도 방식은 외치는 전도였다. 예를 들어 이렇게 외치는 것이다.

"하나님께서 당신을 사랑하십니다!"

"사람이 태어나서 죽는 것은 정한 이치인데, 당신은 죽음을 준비하고 있습니까?"

"예수 천당, 불신 지옥입니다. 예수 믿고 천국 갑시다."

이발사가 다니던 교회는 주일마다 설교 후 이런 구호를 온 성도가 함께 외쳤다. 그때마다 이발사는 '나도 전도해 보리라' 다짐하곤 했다. 그러나 외친 구호를 일상에서 실천하는 것은 쉽지 않았다. 전도 성적도 그리 좋지 못했다. 이발사는 교회에 갈 때마다 자책감이 들었다.

그러던 어느 날, 멋진 신사 고객이 그의 이발소를 찾아왔다. 이발사는 고객의 머리를 멋지게 다듬은 후에 면도를 해 주다가 문득 전도 구호가 떠올랐다. 문제는 말을 어떻게 꺼내야 할지 도무지 생각나지 않는다는 것이었다. 마침 목 부위를 면도하던 중에 좋은 아이디어가 떠올랐다. 이발사는 '아, 이거구나!' 하면서 고객을 향해 묵직한 음성으로 질문을 던졌다.

"고객님, 고객님은 죽을 준비가 되어 있나요?"

그러자 난리가 났다. 상상해 보라. 당시 이발소에서는 대형 면도 날이 부착된 자루식 면도기를 사용해 이발사가 직접 면도해 주곤 했다. 면도기는 보통 깔끔한 면도를 위해 날을 바짝 세워 두었기 때문에 자칫 흉기로 돌변해도 전혀 이상할 것 없는 도구였다. 그런 것을 목에 갖다 대면서 이발사가 다짜고짜 "죽을 준비가 되어 있습니까?" 하는 질문을 던졌으니 고객이 얼마나 당황했겠는가!

고객은 결국 이발사의 손을 밀쳐 내고 허둥지둥 이발소를 뛰쳐나 갔다는 웃지 못 할 이야기가 전해지고 있다.

인생 후반전, 어떻게 살 것인가?

2008년까지만 해도 내 삶은 특별히 큰 걱정이나 불편함 없이 평범했다. 한 가정의 가장으로, 전문 경영자로, 교회를 섬기는 장로로서 하루하루 최선을 다해 충실히 살아가고 있었다. 그러던 어느 날, 말씀 한 구절을 묵상하게 되었다.

나더러 주여 주여 하는 자마다 다 천국에 들어갈 것이 아니요 다만 하늘에 계신 내 아버지의 뜻대로 행하는 자라야 들어가리라 마 7:21

나는 이 말씀 앞에 꼼짝없이 붙들리고 말았다. 고린도교회를 향해 "너희는 믿음 안에 있는가 너희 자신을 시험하고 너희 자신을 확증하라"(고후 13:5)고 외쳤던 바울의 목소리가 귓전에 맴도는 것만 같았다. 나는 그 자리에서 지나온 50세 중반까지의 내 삶을 되돌아보았다. 그 결과 삶의 총체적 생산지수는 올라가 있는데, 영적 재생산 목록이 없음을 알았다. 전도의 열매가 없었던 것이다.

하나님은 내가 있는 일터로 매일 사람을 보내 주셨다. 그럼에도 나는 그들의 영혼에는 관심이 없었고, 그저 고객으로만 대했다. 나만의 바벨탑을 쌓는 데 예수님을 이용하고 있었던 것이다.

그런 나를 야단치시고 지적하신 분은 아내의 처절한 기도를 들으신 성령님이셨다. 그제야 나는 인생을 잘못 살아왔다는 것을 깨달았다. 가슴치며 통곡하기 시작했다. 통절한 회개를 통해 예수 그리스도를 하나님으로 대접해 드릴 수 있는 삶의 기회를 바라며 간절히 구했다. 그렇게 갈망하고 또 갈망하던 중 2008년 10월 어느 날, 세미한 음성을 들었다.

> 말씀하시되 나를 따라오라 내가 너희를 사람을 낚는 어부가 되게 하리라 하시니 마 4:19

간절한 사모함 가운데 임한 이 말씀은 내 심장을 다시 뛰게 했다. 말씀이 마치 심장에 꽂히는 것만 같았다. 나를 향한 주님의 뜻은 전도자, 즉 '사람 낚는 어부'로 살아가는 것이었다. 나는 그 사실을 확증할 수 있었다. 이 일로 나는 인생 후반전을 새롭게 시작하기로 했다.

> 또 천국은 마치 좋은 진주를 구하는 장사와 같으니 극히 값진 진주 하나를 발견하매 가서 자기의 소유를 다 팔아 그 진주를 사느니라 마 13:45-46

나는 진주를 얻기 위한 장사꾼의 태도로 살아갈 것을 결심했다. 가용자산 모두를 동원하여 예수의 메신저로 살아가는 데 전념하기로 했다. 이렇게 삶의 방향을 완전히 하나님께로만 향할 수 있었던 것은 세미했지만 강렬했던 주님의 말씀이 있었기에 가능했다. 마치 혁명과도 같았던 그날의 사건은 평생 잊을 수 없는 기념비가 되어 내 심비(心碑)에 아로새겨져 있다.

처음 도전한 전도, 그러나

세상을 향한 주님의 메시지는 생명 그 자체이기에, 나는 그분의 메신저로 살아가기로 결정한 것이 무척이나 자랑스러웠다. 그런데 이 일을 감당하기 위해서 어떤 태도와 준비가 필요한 것인지에 관한 깊은 숙고와 성찰 없이 뜨거워진 가슴으로 무작정 뛰어들었다는 게 문제였다. 2009년, 열정과 자만함을 가지고 의기양양하게 전도에 뛰어들었다. 한 해 동안 내가 전도한 방식은 이발사의 외치는 전도, 즉 구호 전도였다. 일상에서 만난 고객과 거래처, 기업인과 은행원, 공무원, 주차요원, 경비원, 미화원 등에게 이발사가 했던 것처럼 복음을 전했다. 그 결과가 어땠겠는가?

내가 구호처럼 외친 전도 용어는 주로 이런 것들이었다.

"하나님이 당신을 사랑하십니다."

"4영리를 들어 봤습니까?"

"오늘 밤 당신이 죽는다면 어디로 가게 될 것 같습니까?"

"천국과 지옥이 있다는 사실을 알고 있습니까?"

"예수 믿고 천국 가지 않으실래요?"

"우리 교회에 나와 보실래요?"

"우리 목사님 설교 한번 들어 보세요."

"당신은 행복합니까?"

"서당 개 3년이면 풍월을 읊고, 식당 개 3년이면 라면을 끓인다"는 우스갯소리처럼, 설교와 간증을 통해 반복적으로 청취해 온 위 접촉점을 사용하면 사람들이 긍정의 반응을 보일 줄 알았다. 내 체면을 봐서라도 몇 사람 정도는 교회로 나올 줄 알았던 것이다. 그러나 그것은 '위대한 착각'이었다.

그 해가 기울어갈 즈음, 나의 구호식 외침 때문에 사무실에는 업무 협약을 해지하겠다는 위협적인 통고가 날아왔고, 내가 속해 있는 여러 모임에서조차 탈퇴해 달라는 결별 통보를 여러 건 받았다.
사람들은 내게 이렇게 따지고 들었다.

"왜 우리 은행에 와서 종교 이야기를 합니까?"

"우리 모임에서 종교 이야기를 그만할 수 없을까요?"

"전도는 그만하고 맡긴 일이나 잘해 주세요."

"당신이나 하나님 잘 믿으세요."

"우리 종교 이야기할 것 같으면 단교합시다."

시간이 지날수록 모임에서 내 옆자리에 앉는 것을 피하는 사람
이 늘어만 갔다. 내 옆에 누군가 앉으면, 으레 "예수 믿읍시다"라는
말을 입버릇처럼 던졌기 때문이었다.

벼랑 끝 절벽에 서다

예수님에 관한 메시지는 가장 복된 소식이기 때문에, 나는 만나
는 사람들에게 열정적으로 복음을 전했다. 문제는 그들의 상황을
고려하지 않고 내 열정과 열심만을 앞세워 '무작정 들이대는' 방식
에 있었다. 내 안에 숨겨진 동기, 즉 '나도 전도 왕이 되어 볼까' 하
는 그릇된 욕심을 품고 있었던 것이고, 그때문에 성과를 낼 욕심으
로 대화 중에 틈만 보이면 다짜고짜 '예수 믿으세요'를 녹음기처럼
반복했던 것이다.

그 결과 대부분의 지인들로부터 거부를 당했다. 전혀 생각지 못한 뜻밖의 현실 앞에 나는 짐짓 당황했다. 1년간 그물을 쳤던 내 모습은 마치 밤이 새도록 수고하였지만 물고기 한 마리도 잡지 못한 베드로의 신세(눅 5:5)가 된 듯했다.

내가 어쩌다가 이렇게 된 것일까? 좌절감에 의욕이 꺾인 나는 사방을 둘러보았으나 길이 보이지 않았다. 절벽 앞에 서 있는 초라한 내 모습만 보일 뿐이었다. 그때부터 내 귀에 찬송이 들려오기 시작했다. 비로소 말씀이 내 안으로 흘러들어 왔다.

"기도할 수 있는데 왜 걱정하십니까?"(찬양 '기도할 수 있는데')

"형제들아 너희는 선을 행하다가 낙심하지 말라"(살후 3:13).

"내가 너희를 사람을 낚는 어부가 되게 하리라"(마 4:19).

말씀과 찬송을 가까이하며 전도자가 풀어야 할 과제에 대해 성령님께 묻기 시작했다. 이것이 나의 전도 방식을 완전히 전환하는 계기가 되었다.

chapter 02.

성령님의
전도 강의

내 전도는 진품인가 짝퉁인가

　명품에는 어김없이 짝퉁이 생긴다. 진품을 소유하고자 하는 사람들의 욕망이 만들어 낸 허상이라 할 수 있다. 사람의 인생에도 명품과 짝퉁이 있고, 신의 영역에도 진짜가 있는가 하면 사이비가 있다. 그런데 전도 현장에도 '짝퉁 전도'가 있다는 것을 아는가? 성경은 이것에 대해 분명하게 말씀하고 있다.

> 이에 돌아다니며 마술하는 어떤 유대인들이 시험삼아 악귀 들린 자들에게 주 예수의 이름을 불러 말하되 내가 바울이 전파하는 예수를 의지하여 너희에게 명하노라 하더라 유대의 한 제사장 스게와의 일곱 아들도 이 일을 행하더니 악귀가 대답하여 이르되 내가 예수도 알고 바울도 알거니와 너희는 누구냐 하며 악귀 들린 사람이 그들에게 뛰어올라 눌러 이기니 그들이 상하여 벗은 몸으로 그 집에서 도망하는지라 행19:13-16

　여기에 소개되는 마술사와 제사장 스게와의 일곱 아들은 바울이 예수의 이름으로 놀라운 능력을 행하는 것을 보았다. 심지어 바울의 소지품인 손수건과 앞치마를 병자에게 갖다 얹기만 해도 병이 떠나고 악귀가 물러가는 것을 목격했다. 지금까지 듣지도, 보지도 못한 표적을 보았으면 바울에게로 나와 복음을 듣고 예수님을 찬양했어야 옳았다. 그러나 그들은 자기 영달을 위해 예수를 사칭하다가 대가를 톡톡히 치른다.

이런 일들은 지금도 벌어진다. 입으로는 하나님을 찬양하고 영광을 돌리지만 삶에서는 그 향기가 전혀 흘러나오지 않는 것이다. 어떤 경우는 도리어 주변 사람들이 견디지 못할 정도로 악취가 나기도 한다. 그런 사람이 전하는 예수 그리스도의 메시지는 힘이 없다. 가짜 증거, 가짜 복음, 가짜 전도가 되는 것이다.

세상 사람들은 우리가 진짜인지 가짜인지 귀신처럼 알아챈다. 우리가 둔감해서 알아차리지 못할 뿐이다. 복음의 전도자가 되기 위해서 우리는 먼저 삶을 정비해야 한다. 하나님의 수술대 위에 올라가 악습과 썩은 뿌리를 제거하고 새 옷을 입어야 한다. 무의식에 깊이 박힌 탐욕, 외식, 음욕의 독초들을 뽑아내야 한다. 믿는 척, 찬양하는 척, 기도하는 척만으로는 안 된다. 반드시 영혼을 갈아엎는 통회의 눈물이 있어야 한다. 그래야만 진짜 복음을 전할 수 있다.

무모했던 전도 방식을 점검하다

오직 결단과 열정만으로 출발한 나의 전도를 향한 도전이 끝이 보이지 않는 장벽과 맞닥뜨리게 되었다. 나는 답답하기만 한 내 상황과, 그때문에 상한 마음을 있는 그대로 하나님께 아뢰었다. 그리고 이렇게 된 이유와 문제 해결의 답을 성령님께 구했다.

감사하게도 성령님은 나에게 전도자가 준비하고 갖춰야 할 것들을 직접적으로, 그리고 분명하고 구체적으로 가르쳐 주셨다. 성령님의 직강을 통해 나는 전도자로서의 자세를 하나씩 챙기기 시작했다. '전도는 뿌리기만 해도 사명을 감당하는 것이다'라는 주변의 권고를 아무런 여과장치 없이 그대로 받아들여 실행했던 나의 무모한 전도 방식을 점검하는 기회도 되었다. 또한 전도를 둘러싼 전체적인 매뉴얼을 구축할 수 있었다.

성령님께 배운 전도 방식은 기존과는 전혀 다른 새로운 방식이다. 핵심 내용을 정리하면 다음의 다섯 가지로 요약할 수 있다. 나는 이 다섯 가지가 준비되면서 전도의 문이 열리는 신비한 경험을 하게 되었다.

첫째, 수술을 받아라

성령님의 강한 첫 음성은 '영적 건강검진을 받으라'는 것이었다.

큰 집에는 금 그릇과 은 그릇뿐 아니라 나무 그릇과 질그릇도 있어 귀하게 쓰는 것도 있고 천하게 쓰는 것도 있나니 그러므로 누구든지 이런 것에서 자기를 깨끗하게 하면 귀히 쓰는 그릇이 되어 거룩하고 주인의 쓰심에 합당하며 모든 선한 일에 준비함이 되리라 딤후 2:20-21

나는 이 말씀을 마음에 새기며 건강검진을 받기 위해 제일 먼저 기도 시간을 확보했다. 먼저 우리 집 베란다에 마련해 둔 골방 기도실로 들어갔다. 그곳에서 십계명을 기준으로 나를 돌아보며 악습과 쓴 뿌리를 뽑아 달라고 기도했다. 성령님이 지적해 주신 모든 것을 고백하고 회개하기 시작했다.

그렇게 나는 성령님이 집도하시는 수술대 위에 올라갔다. 세상의 내시경과 메스는 보이는 것만 제거하지만, 성령님의 메스는 영과 혼 속에 있는 잡티까지 찾아 제거하는 능력의 칼이다. 성령님은 그 능력의 칼로 내 혼과 무의식에 깊이 박힌 탐욕, 외식, 음욕의 독초들까지 깔끔하게 제거해 주셨다.

수술 후에 나타난 첫 증상은 일상에서 경이로움을 발견하는 것이었다. 영이 회복되면서 말씀이 꿀 송이처럼 달고 주님의 십자가 사랑이 밀물처럼 가슴에 스며들었다. 주님이 왜 십자가를 지셔야만 했는지, 복음이 왜 지속적으로 흘러가야만 하는지, 그 이유와 답이 뼛속 깊이 새겨졌다.

하나님이 내게 물어보셨다.

"너는 나를 진짜 사랑하느냐? 내가 너를 창조했고 네 인생 길목마다 천사를 통해 구원하고 인도한 사실을 알겠느냐?"

내 인생 전반전의 모습이 마치 영사기를 통해 필름이 지나가듯 스쳐갔다. 나의 관점이 예수님의 관점으로 바뀌기 시작하면서 하나님 나라가 보이기 시작했다.

둘째, 정탐해라

그런 다음 성령님은 내게 이웃의 요구와 그들이 싫어하는 것이 무엇인지를 정탐하라 하셨다.

> 그 땅이 어떠한지 정탐하라 곧 그 땅 거민이 강한지 약한지 많은지 적은지와 그들이 사는 땅이 좋은지 나쁜지와 사는 성읍이 진영인지 산성인지와 토지가 비옥한지 메마른지 나무가 있는지 없는지를 탐지하라 담대하라 또 그 땅의 실과를 가져오라 하니 그때는 포도가 처음 익을 즈음이었더라 민 13:18-20

담쟁이 넝쿨은 모든 장벽을 타고 넘는다. 장벽은 이 담쟁이 넝쿨을 거부하기보다 기꺼이 그 자리를 내어 준다. 성령님은 나에게 그런 지혜를 얻기 위해 현장을 정탐하라고 하신 것이다. 이웃에게 거부당하지 않도록 말이다.

나는 성령님의 권고에 따라 주변 사람들과 대화의 자리를 만들었다. 그리고 대화가 무르익어 갈 때쯤 특별한 목적을 가지고 이 자리를 마련했음을 솔직하게 알렸다. 그리고 물어봤다.

"왜 제가 예수를 이야기하거나 교회에 나오라고 말하면 사람들이 그리도 손사래를 치며 거부하는 걸까요? 그 이유를 아십니까?"

그때마다 사람들이 들려준 대답은 특별한 이유가 아니었다. 대부분 우리가 한번쯤 들어봤고 알고 있는 것들이었다.

"교회는 왜 싸우기만 하고 사람들과 화목하게 지내지 못합니까? 그런 모습이 싫어 교회에 안 나가는데 자꾸 나오라고만 하니 거절하는 겁니다."

"직장생활도 피곤한데, 그나마 쉴 수 있는 일요일에 교회까지 나가면 언제 쉽니까? 쉼이 없는 생활이 될 것 같아서 싫습니다."

"그리스도인이라면서 하나님의 향기를 나타내는 사람을 본 적이 없습니다. 어떤 사장님은 사업장에 성경 말씀을 걸어 놓고 온갖 비리를 다 일으킵니다. 그런 사람들을 신뢰할 수 없어 교회 나갈 마음을 접었습니다."

"다른 종교는 안 그러는데 교회는 유독 전도에 강압적인 것 같습니다. 나가고 안 나가고는 자유인데 자꾸 강요하는 것 같아서 이제는 듣고 싶지 않습니다."

그들은 예수 이름의 뜻과 교회마다 걸린 십자가의 의미를 모르고 있었다. 그들은 교회 다니는 친구나 친척 중에서 자기에게 진지하게 예수와 십자가를 설명해 준 사람이 없었다고 했다. 직장이나 사업장이나 행사에 초대받아 참석은 했지만, 그리 인상적이지 않아서 다시 나가지 않았다고도 했다.

그들은 예수를 믿는 내가 자신과 무엇이 다른지를 보여 달라고 했다. 그들은 나의 태도에 대해 지적했다. '예수 천당 불신 지옥' 하며 협박하는 듯한 태도라든가, 단정 지어 매몰차게 내뱉지만 신뢰감을 주지 못하는 언행 등이 부담스럽고 싫었다고도 말해 주었다.

정탐의 결과 이제 사회는 보릿고개를 걱정하던 시대를 지나 선진국으로 진입하였다. 경제 환경이 변함에 따라 세대 간의 가치관도 다르게 형성되고 있다. 이런 환경에서 복음의 접촉점부터 전략을 새롭게 세워 적용해야 한다는 사실을 깨달았다.

셋째, 만남을 소중히 여겨라

전도는 씨 뿌리는 것으로 비유할 수 있다. 보통 씨를 뿌릴 때는 그 토양의 상태가 중요하다. 그래서 농사를 짓기 전에는 먼저 밭을 가는 작업을 한다. 전도도 마찬가지다. 당신은 전도를 할 때 어떤 토양에 씨를 뿌리고 있는가? 씨를 뿌리기 전에 어떤 준비를 하고 있는가?

사실 나는 전도에 있어서 뿌리기만 해도 복음에 참여한 것이라 착각하고 있었다(고전 3:6). 그러나 내가 뿌린 복음의 씨앗은 길바닥과 가시밭길, 자갈밭에서 흩날리고 있었다. 옥토에 뿌린 것이 아니었다. 그 사실을 안 순간 정신이 번쩍 들었다. 우리가 뿌리는 씨앗은 그야말로 최고의 보화라 할 수 있다. 그러니 씨앗을 받아들일 토양을 중요하게 여기고 준비해야 한다(마 13장).

이때부터 나는 밭을 가는 작업을 하기 시작했다. 바로 평소 만나는 사람들과의 관계를 소중히 여기는 것이다. 내가 지금 맺고 있는 모든 관계는 곧 복음의 통로가 될 수 있다. 그렇기 때문에 그들과 신뢰를 깨뜨리지 않기 위해 노력했다. 작은 약속일지라도 반드시 이행하고, 실수를 했을 땐 솔직하게 사과했다.

인사법도 바뀌었다. 만날 때는 "샬롬"으로 그들의 평안을 기원하고, 헤어질 땐 "우리 만남은 우연이 아닙니다" 하면서 마무리했다. 진심을 담아 상대를 소중히 여기는 마음으로 미소와 함께 건네는 나의 인사를 싫어하는 사람은 아무도 없었다.

넷째, 그들의 언어로 설명해라

내가 만나는 사람들은 퍽 다양하다. 사회적 약자들도 있고, 고위 공직자, 고액 연봉자, 기업인, 일반 회사원 등 각계각층의 사람들을 만나는 편이다. 그들의 근무 환경, 경제적 형편, 교육 수준, 생활, 문화 등은 각각 다르다. 때문에 나는 그들이 쉽게 이해할 수 있는 비유법을 사용했다. 그 아이디어는 예수님의 질문법과 사도 바울의 교훈에서 얻었다. 사도 바울은 각 사람이 복음을 알도록 하기 위해 상대방이 사용하는 언어로 복음을 전했고(고전 9:19-23), 예수님은 눈에 보이는 것을 들어 하나님 나라를 설명하셨다.

"공중의 새를 보라."

"씨 뿌리는 비유를 들어라."

"천국은 겨자씨 한 알과 같다."

"천국은 누룩과 같다."

"천국은 감추인 보화와 같다."

"천국은 그물과 같다."

"너는 나를 누구라 하느냐?"

"광야에 나가 무엇을 보았느냐?"

나는 예수님과 사도 바울의 가르침에서 얻은 교훈으로 지식인과 직장인, 청년층과 기성인, 고용주와 고용인 등 다양한 계층과 세대에 맞는 접촉점을 사용하고 있다. 접촉점이란 신학 또는 교리적 용어가 아닌 생활 속에서 공감과 동의를 끌어낼 수 있는 관계 대화의 소재다. 이런 대화 소재를 통해 자연스럽게 성경과 예수님을 설명할 수 있다.

예를 들어 "교회 나와 보세요"라는 권유 대신에 "교회마다 무엇이 달려 있나요?"라고 질문하면 상대방은 대개 "십자가가 있지요"라고 반응한다. 그러면 "교회에서 말하는 예수는 십자가에 매달려 죽었는데, 왜 교회는 저주의 상징인 십자가를 걸어 놓을까요?" 하고 물어본다. 그러면서 자연스럽게 복음의 접촉점을 찾거나 복음적 관계를 이어갈 수 있다. 나는 이렇게 누구나 공감할 수 있는 소재를 가지고 21개의 접촉점을 마련하여 사용하고 있다(이 책 154p 참고).

다섯째, 영적 무기를 준비해라

전도란 영적 전쟁이기에 전도자는 사탄의 공격 대상이 된다. 불화살을 막아 내야 한다. 전도가 어렵고 하다가 지쳐 중단하게 되는 것도 사탄과의 전쟁을 치러야 하기 때문이다. 성경이 가르쳐 준 영적 무기는 성령의 검이요, 성령의 검이란 예수님의 말씀이자 가르침이다(엡 6:11-20). 그렇기 때문에 영적 전쟁에서 완전하게 승리하신 예수님의 삶에서의 가르침에서 다섯 개를 골라 몸에 익히기로 했다.

영적 무기로 활용하기 적합한 예수님의 사역 모델 다섯 가지
① 예수님은 날마다 삶을 시작하시기 전 기도 시간을 확보하셨다.
② 예수님은 모든 것을 말씀(언어)으로 성취하셨다.
③ 예수님은 섬김의 본을 보여 주셨다.
④ 예수님은 하나님 나라를 본 대로 증언하셨다.
⑤ 예수님은 구원사역을 제자들에게 기록하게 하셨다.

나는 예수님이 공생애 사역에서 보여 주신 이 다섯 가지 사역 모델을 전도 무기로 삼기로 했다. 이 무기의 이름은 '물맷돌'이다. 다윗이 골리앗과의 싸움에서 이긴 물맷돌에서 아이디어를 얻었다.

chapter 03.

전도자로의
변화

예수 만난 감격을 전하고 있는가?

여자가 물동이를 버려 두고 동네로 들어가서 사람들에게 이르되 내가 행
한 모든 일을 내게 말한 사람을 와서 보라 이는 그리스도가 아니냐 하니
그들이 동네에서 나와 예수께로 오더라 … 여자의 말이 내가 행한 모든
것을 그가 내게 말하였다 증언하므로 그 동네 중에 많은 사마리아인이
예수를 믿는지라 요 4:28-30, 39

이 말씀에 소개된 수가성 여인은 사연이 많은 인생으로 보인다.
그녀는 다섯 명의 남편이 있었고 지금은 여섯 번째 남자와 살고 있
다. 무슨 일이 있었는지 자세히는 알 수 없지만 그 인생길이 꽤 험
난했을 것으로 예상된다. 요한복음 4장은 그런 그녀에게 예수님이
찾아가심으로 새로운 삶이 시작되는 이야기다.

예수님은 수가성 여인을 만나자마자 곧바로 "내가 메시아다"라
고 말씀하지 않으셨다. 대화를 통해 마음의 문을 열어 나가셨다. 예
수님은 "물을 좀 달라" 하는 청으로 대화를 시작하셨다. 그러다가
점차 심도 있는 질문들을 통해 여인의 결핍이 무엇인지 체크하셨
다. 마음을 어루만지는 질문들을 하심으로 자신이 메시아임을 알게
하시고 영혼의 목마름을 해갈해 주셨다. 그리고 마침내는 영생을
얻는 과정을 친절하게, 여인이 알아들을 수 있는 언어로 차근차근
설명해 주셨다.

수가성 여인은 뜨거운 햇볕이 내리쬐는 정오에 물을 길러 우물가로 나왔다. 대부분 사람들은 너무 덥기 때문에 그 시간에는 우물가에 나오지 않는다. 아마도 여인은 사람의 눈을 피해 그 시간을 택해 물을 길러 나왔을 것이다. 얼마나 열등감에 짓눌려 있었는지 알 수 있다.

그랬던 여인이 예수님을 만나 대화를 나누고 난 후 완전히 달라졌다. 인생의 모든 결핍에서 해방되는 자유를 얻은 것이다. 그녀는 곧바로 물동이를 내려놓고 동네로 들어갔다. 물을 긷는다는 것은 먹고사는 문제와 관련이 있다. 그런데 그것을 내버려 두었다는 것은 그보다 더 중요한 일이 생각났다는 것이다. 그것은 바로 동네 사람들을 향해 자기가 만난 예수님을 증언하며 자랑하는 일이었다. 분명 사람들의 눈을 피해 다니기에 급급했던 여인이 아니던가! 여인은 거기서 멈추지 않았다. 마을 사람들을 주님 앞으로 초청하며 말했다.

"와서 보라!"

이것은 참으로 놀라운 변화다. 이렇게 주님을 만난 사람은 모든 열등감, 죄의식, 결핍에서 벗어나 자유해진다. 그리고 그 기쁨을 전하고 싶어 가만있지를 못한다. 그것이 우리가 전도를 하는 중요한 동력이 된다. 억지로 하는 것이 아니다. 과연 우리는 얼마나 큰 기쁨으로 주님을 만났던 감격을 전하고 있는가?

"주님, 누구에게 먼저 갈까요?"

예수의 메신저로, 전도자로 살기로 결단한 이전과 이후 내 모습은 그야말로 극과 극이다. 주님은 내게 믿음을 선물로 주시고 하나님 나라를 향한 극상품 포도나무를 심으셨는데 나는 들포도를 맺음으로 최하급 나무로 변질시켜 버린 악한 종이었다(사 5:2). 마치 잎만 무성한 무화과나무처럼 모든 은혜를 소비하기에만 급급했던 것이다. 이런 내가 생애 후반전에 그분의 메신저로서 살아갈 기회를 얻은 것은 주님의 전적인 은혜가 아니고는 설명할 길이 없다. 오직 주님의 측량할 수 없는 긍휼임을 고백한다.

긍휼을 입고 일어난 내 안의 가장 큰 변화는 생각의 변화였다. 이 세대를 본받지 않고 하나님의 기뻐하실 뜻이 무엇인지 분별하게 된 것이다(롬 12:2). 이를 통해 세상의 가치를 버리고 주님의 뜻을 좇아 몸에 익혀 삶으로 살아 내게 되었다. 바울이 말한 '영적 예배'를 드리게 되었다(롬 12:1). 그리고 예수를 십자가에 못 박았던 자가 예수의 메신저로 변화되었다. 이것이 내 인생 후반전에 일어난 가장 큰 사건이다.

이때부터 내 삶은 주님이 가르쳐 주신 물맷돌 다섯 개를 대장간의 불화로 속에 던져 넣고 더 예리하게 제련하는 대장장이의 몸부림이었다. 이 도전을 통해 나타난 반응은 생활 방식의 총체적 변화다.

전도자의 삶은 그날 하루를 어떻게 살아 냈는가가 승패를 좌우한다. 나는 인생 전반전을 결산하면서 하루의 삶이 얼마나 중요한지를 통감하게 되었다. 실제로 어느 잘못 산 하루 때문에 돌이킬 수 없는 실패를 경험하기도 했고, 잘 보낸 어느 하루 덕분에 반전의 기회를 얻은 적도 있다. 그래서 나는 삶의 목표를 '몇 년 후에 뭔가를 이루자'가 아니라 '오늘 하루를 잘 살아 내자'는 것으로 정하게 되었다. "천 리 길도 한 걸음부터"라는 속담처럼, 그날그날 하루치의 목표를 세웠다.

아무리 일이 많거나 바쁜 상황이 겹쳐도 '목숨 걸고 기도하는 한 시간'을 확보했고 이를 지켜 나갔다(마 26:40). 그리고 나 혼자서 거울을 보며, 화초를 보며 언어 훈련을 해 나갔다. 혼자 있는 공간이면 어디서든 혼자 언어 훈련을 했다. 처음엔 무척 어색하고 쑥스러웠다. 그래도 포기하지 않았다.

시간이 지나 예수님의 황금언어가 입술에 조금씩 익혀졌다. 처음에는 아내와 직원들에게 이 언어들을 먼저 사용했다. 그러자 관계가 조금씩 따듯하게 변화되는 것을 느낄 수 있었다. 더불어서 아내에게만 떠안겼던 가사 일을 함께하고, 사업장 청소를 거들면서 섬김을 실천했다. 또 그때그때 간증문을 작성하여 가정과 교회 소그룹에서 발표했다. 그리고 소지한 수첩에 나와 관계된 지인들의 중요한 정보(취미, 관심, 기념일 등)를 기록하기 시작했다.

물론 매일 예수님의 삶을 본받아 살아 낸다는 것이 처음부터 녹록하진 않았다. 그러나 포기하지 않고 "반드시 내가 되게 하리라" 약속하신 주님의 말씀을 신뢰하면서 오뚝이 정신으로 몸부림쳤다. 처음에는 3일을 작심했고, 곧 3주를 이어갈 수 있게 됐다. 그러자 서서히 변화된 생활이 몸에 익는 것 같았다.

6개월이 지나자 몸의 온 지체가 새로운 시스템에 자연스럽게 적응했다. 모든 과정이 자동으로 작동되는 것 같았다. 스스로도 놀라웠다. 어느덧 내 눈은 주위 사람들의 영혼 상태를 바라보고, 내 입술은 자연스럽게 이웃들에게 용기와 희망을 주는 언어를 구사하게 되었다.

기도의 자리에서 한 영혼의 구원을 위한 애절한 간구가 터져 나오면서 성령님의 임재를 경험했다. 성령님이 주신 음성을 소멸치 않고 날마다 실행하는 과정에 삶의 의미를 찾아가는 내 모습을 보면서 "바로 이거구나!" 하는 탄성이 저절로 터져 나왔다. 삶의 맥을 잡았다는 확신과 환희가 온몸을 훑고 지나갔다. 이러한 과정을 통해 맛보는 기쁨과 감동으로 나는 날마다 생업 현장에서 승리의 개가를 불렀다.

나의 주인이신 예수님을 본받은 이 다섯 가지 '생활의 물맷돌 훈련'을 통해 날마다 내 안에 예수님의 마음, 긍휼이 채워지는 걸 느꼈다. 주님의 말씀이 내 안에 녹아들자 누군가에게 예수님을 전하지 않으면 답답해서 견딜 수 없는 예레미야의 심정이 되었다.

내가 다시는 여호와를 선포하지 아니하며 그의 이름으로 말하지 아니하리라 하면 나의 마음이 불붙는 것 같아서 골수에 사무치니 답답하여 견딜 수 없나이다 렘 20:9

그때 나는 성령님께 질문했다.
"주님, 누구에게 먼저 갈까요?"

PART 2

물맷돌을
던지다

chapter 04.

몸으로 익힌
물맷돌 다섯개

예수님은 자신이 사용하신 모든 영적 무기를 뼛속 깊이 장착하고 다니셨기에, 언제 어디서든 백전백승하셨다. 몸으로 깊이 익히셨기에 가능한 일이었다. 예수님의 메신저로 살아가기로 한 나 역시 그분의 생활 방식을 닮기 위해 '물맷돌 다섯 개'의 원리를 날마다 훈련했다. 그 상세한 내용은 이 책의 마지막에 수록된 '물맷돌 가이드북'을 참고하기 바란다.

그리고 여기에서는 물맷돌 다섯 개를 통해 내가 목격하고 경험한 전도의 과정을 소개하고자 한다. 특별히 내가 만났던 한 사람, 반월국가산업단지 피혁회사 거래처 임원이었던 김 이사와의 추억을 꺼내 보았다. 그저 갑과 을로서 만나고 헤어질 수 있었지만 우리는 하나님의 은혜로 복음의 관계를 맺어 나갔고, 그분의 놀라운 기적을 체험하는 증인이 되었다.

물맷돌 1.
'기도'로 주님께 모두 맡기다(막 1:35, 9:29)

비즈니스 관점으로 보면 사건을 의뢰한 기업은 '갑'이 되고 사건을 수임한 나는 '을'이 된다. 갑과 을 관계에 있는 비즈니스 현장에서 을이 갑에게 어떻게 복음을 전할 수 있을까? 녹록치 않은 과제다.

그날도 나는 출근 전 하나님 앞으로 나아가 "오늘은 누구를 붙여

주시겠습니까?" 하는 희망기도로 하루를 시작했다. 그리고 말씀의
능력은 순종하는 자에게 경험된다는 교훈에 따라 성령님께 지혜를
구했다. 그때 주님은 "무엇이든지 남에게 대접을 받고자 하는 대로
너희도 남을 대접하라"(마 7:12)는 말씀을 주셨다. 그 말씀을 따라 사
업장 고객을 황금언어로 대접하기로 했다. 상대방의 장점을 파악하
여 그것을 칭찬하는 섬김이다. 그리고 그 말씀이 응답이 되어 나는
그날 김 이사를 만나 복음을 전할 수 있었다.

이처럼 기도는 우리 인생의 주체이신 주님과 막힘없는 관계를
형성하기 위해 반드시 해야 하는 일이다. 우리가 전도자로서 헌신
하기 위해서는 날마다 기도 자리를 확보해야 한다. 기도는 주님과
초점을 맞춤으로서 이 땅에서 살아가는 우리의 정체성을 면도날처
럼 선명하게 만든다.

나 역시 주님께 능력을 구하며 기도할 때 성령의 강한 임재를 경
험했다. 선포기도를 통해 사탄을 결박하고 꾸짖어 쫓아냈다. 감사
기도를 통해 모든 상황을 긍정의 시스템으로 구축해 나갔다. 희망
기도를 통해 날마다 만남을 기대하며 살아가게 되었다.

물맷돌 2.
'언어'는 관계의 문을 연다(잠 18:21)

반월국가산업단지 피혁회사 거래처 임원과 미팅을 가졌다. 김

이사는 외모에서부터 날카로움이 뿜어져 나왔다. 업무를 협의할 때도 딱딱하고 냉정한 성격을 드러냈지만, 나는 반대로 그 성격을 칭찬했다.

"이 회사 사장님은 인복이 많으신가 보네요. 이사님같이 꼼꼼하게 실무를 처리하는 사람을 만난다는 것은 큰 복이 아닐까요?"

이 한마디가 그에게 복음을 전할 징검다리가 되었다. 그가 마음의 문을 여는 것이 느껴졌다. 나는 다음 만남을 희망했다. 그는 흔쾌히 약속 날짜를 정해 주었다.

이처럼 관계를 여는 언어 사용은 건강한 대인관계를 맺는 초석이다. 특히 나는 예수님의 성품에서 '다섯 개의 황금언어'를 발견했다. 위로, 칭찬, 격려, 질문, 경청이 그것이다. 그야말로 복음적 언어다. 나는 평생 누구를 만나든 이 황금언어를 사용하겠다고 다짐했다. 실제로 이 황금언어를 적절히 사용함으로서 관계가 열리고 전도의 문이 열리는 것을 경험하고 있다. 김 이사의 날카로운 성격도 황금언어로 부드럽게 어루만지지 않았는가!

사실 내 언어 습관은 복음과는 거리가 멀었다. 그래서 이 습관을 고치기 위해 많은 노력을 기울였다. 베란다의 화초들을 향해 새 언어를 사용해 보기도 했고, 거울을 보면서 나에게 말을 걸어 보기도 했다. 그러면서 전도뿐만이 아니라 생활에서도 언어를 바꾸는 것이 굉장히 중요하다는 사실을 알았다. 그 안에 놀라운 비밀이 담겨 있었다. 가는 말이 고와야 오는 말이 고운 법이다.

물맷돌 3.
'섬김'은 상대가 감동할 때까지 한다(마 25:40)

섬김은 작은 것에서 시작한다. 바로 기도와 언어다. 한 생명이 모태로부터 잉태되어 탄생하기까지는 10개월의 태교 시간이 필요하듯이 한 사람을 태신자로 정하면 조급해하지 않고 예수님의 마음으로 섬기기로 했다. 섬김의 방점은 무엇인가? 어느 날 상대가 다가와서 "왜 이렇게 내게 잘해 주십니까?"라고 반문할 때라고 생각한다.

김 이사를 만나고 난 후 나는 새벽마다 그의 이름을 불러 가며 기도했다. 기도는 선포와 감사기도였다. "주님 그 영혼을 저에게 붙여 주시니 감사합니다. 그 영혼과 가족을 긍휼이 여겨 주세요"라는 기도를 집중해서 했다. 기도 중에 진한 감동이 밀려왔다. 기도의 응답이 이뤄진 줄 믿고 감사헌금 봉투에 이름을 기록하고 미팅 당일 새벽기도 시간에 감사헌금을 드렸다.

그리고 나는 약속 시간에 맞춰 김 이사를 찾아갔다. 그의 얼굴을 보자마자 반갑게 인사를 건네며 차분함과 세련된 모습을 칭찬했다. 그리고 "일요일엔 뭐 하시나요?" 하고 질문을 던졌다. 그는 스스럼없이 "가족과 휴식을 취하며 보냅니다" 하고 이야기해 주었다. 그의 가족적인 대답이 나는 너무도 반가웠다. 그래서 화제를 가족에게 돌려 질문을 이어 갔다.

"이사님, 혹시 자녀는 몇이나 되나요?"

"중학교 1학년, 초등학교 5학년 아들만 둘입니다."

"든든하시겠습니다. 자녀를 잘 키우고자 하는 것이 부모의 마음이겠지요. 부모가 자녀에게 줄 수 있는 최고의 선물은 무엇일까요? 그런 생각해 보신 적 있습니까?"

"깊게 생각해 보지는 못했습니다."

그래서 나는 이 주제에 대해 좀 더 깊이 있는 이야기를 나눠 보겠느냐고 제안했고, 그도 역시 동의하기에 자연스럽게 대화의 자리가 마련되었다. 나는 내 경험과 함께 자녀를 키우며 기도했던 다섯 가지 기도제목을 설명했다.

"이사님, 자녀들이 꿈꾸는 자가 되어야 하지 않을까요? 저는 부모로서 제 자녀가 멋진 꿈을 가지고 살아가도록 도와주었습니다. 그리고 정직한 가치관을 가지고 살아야 당당하게 살아갈 수 있음을 가르쳐 주었습니다. 인생에는 만남의 복이 중요하기에 좋은 친구, 스승, 믿음의 배우자를 만나도록 기도했습니다. 그랬더니 30년이 지난 지금 정말 제 기도대로 되어 가는 것을 보고 감격하고 있습니다. 이사님! 소중한 보물인 두 아들이 거센 세상 풍파를 헤치고 건강하고 멋있게 살아가기를 소원하고 계시죠?"

그는 내 질문에 동의했다. 나는 계속해서 이야기를 이어 갔다.

"그런데 이 소원은 미래적인 사항입니다. 그러니 우리가 좌지우지 할 수 없는 내용입니다. 그러나 제가 믿는 전능하신 하나님께서는 불가능이 없지요. 내일부터 이사님의 두 자녀를 위해 제가 하나님께 기도하겠습니다. 허락해 주시겠습니까?"

그는 자녀가 잘되는 일이라는 제안에 흔쾌히 승낙해 주었다.

"기도를 할 때 이왕이면 이름을 불러 가며 기도하는 것이 좋습니다. 괜찮으시다면 자녀의 이름과 특기를 알려 주실 수 있나요?"

"이제 중학교 1학년인 진국이는 축구를 좋아하고, 둘째 형국이는 책 읽기를 좋아합니다."

"아내 분을 위해서도 기도하겠습니다. 어머니가 건강하고 평안해야 가정이 평안하지 않겠습니까? 이름을 알려 주세요."

"아내 이름은 이선영입니다."

"이름이 참 아름답네요. 마지막으로 제가 기도 중에 자녀를 위한 좋은 정보가 있으면 보내드리려고 하는데, 주소를 알려 주실 수 있을까요?"

그는 내게 집 주소를 알려 주었다. 나는 전략적 질문을 통해 얻은 중요한 정보를 준비한 수첩에 기록하고 왜 기도하면 응답이 되는지 말씀을 통해 확인시켜 주었다. 그 앞에 말씀 카드를 제시하고 민수기 말씀 읽기를 요청했다. 그는 또렷하게 읽어 나갔다.

그들에게 이르기를 여호와의 말씀에 내 삶을 두고 맹세하노라 너희 말이 내 귀에 들린 대로 내가 너희에게 행하리니 민 14:28

그리고 나는 "하나님은 약속의 말씀을 이뤄 주시는 전능하신 분이기에 반드시 두 자녀를 건강하고 멋있는 자녀로 보호하시고 인도해 주실 겁니다" 하고 설명하고 또 다른 말씀을 제시하며 읽기를 요청했다.

> 여호와는 네게 복을 주시고 너를 지키시기를 원하며 여호와는 그의 얼굴을 네게 비추사 은혜 베푸시기를 원하며 여호와는 그 얼굴을 네게로 향하여 드사 평강 주시기를 원하노라 할지니라 하라 민 6:24-26

"이제부터 이사님의 가정은 하나님께서 보호하시고 인도해 가십니다. 이사님 가정을 향한 하나님의 소원은 말씀대로 복을 주시고 보호하시고 은혜와 평강을 주시는 것입니다. 이것을 믿으면 됩니다."

나는 이렇게 이야기하며 대화를 마무리했다. 그리고 수집한 정보를 바탕으로 다음날 새벽부터 기도를 시작했다. 길거리를 가다가도 그 가족의 이름을 불러 가며 하나님이 심방해 주시기를 기도했다. 선포기도도 빠트리지 않았다. 사탄에게 그 가정에서 떠날 것을 명령했다.

성령님은 또 다른 메시지를 주셨다. 구체적인 전략을 세워 섬길 것을 가르쳐 주셨다.

"섬김에 진정성을 담아라. 그를 감동시켜라. 조급해하지 마라."

나는 성령님이 지도해 주신 대로 실천했다.

그 후로도 김 이사와는 약속한 날짜에 연락을 취하고 사업장을 방문해서 차 한잔하며 대화 나누는 시간을 가졌다. 나는 내 이야기만 하기보다는 그의 이야기를 들어 주기 위해 노력했다. 영업을 담당하면서 갖는 어려움과 고충을 물어보기도 하고, 그가 이야기할 때는 추임새를 넣어 가며 집중하여 들었다. 그리고 때에 맞춰 그의 탁월함을 칭찬하고, 앞으로 CEO가 되기를 격려하며 이야기를 이끌어 갔다. 스트레스를 해소하는 데 도움이 될 책을 선물하기도 했다.

그런데 그렇게 이야기를 주고받는 가운데 김 이사가 내게 감사의 인사를 하는 것이 아닌가! 자기를 칭찬해 주고 이야기를 들어 주고 또 물어봐 주는 내게 진한 감동을 받았다는 것이다. 사실 이 모든 대화와 섬김의 방법은 성령님이 가르쳐 주신 황금언어였다. 이 황금언어가 인간관계를 돈독하게 하는 소중한 도구인 것이 확인되자 나는 너무도 기뻤다.

김 이사와 그의 가족을 위한 기도의 섬김은 매일 지속되었다. 그런 가운데 그의 자녀를 위한 선물을 준비해서 집으로 보내는 것이 좋겠다는 감동이 왔다. 편지를 어떤 내용으로 어떻게 써야 할까? 기도 중 받은 영감으로 손편지를 써 내려갔다.

존귀하신 김 이사님과 가족(이선영 사모님, 자랑스런 진국이와 형국이)에게 소망의 소식을 전합니다.

김 이사님! 평안하시죠?

우리의 만남은 우연이 아님을 믿습니다.

새벽마다 진국이와 형국이를 위해 기도합니다.

그때마다 아이들의 미래가 기대됩니다.

지난 미팅 때 약속한 두 자녀의 멋진 꿈을 위해,

정직한 가치관 형성을 위해, 친구와 스승,

믿음의 배우자와의 만남을 위해 기도하고 있습니다.

이제 이사님 가정은 하나님 손안에서

보호받고 인도함 받는 가정이 되었습니다.

이선영 사모님과 함께 일궈 가시는 가정을 축복합니다.

보내드리는 책은 자녀들에게 감동을 주는 책입니다.

가족이 함께 읽으면 더욱 좋습니다.

<새벽마다 기도하는 정재준 장로 드림>

편지는 온 가족을 수신자로 하여 보냈다. 성령님의 섬세한 인도하심을 따랐을 뿐이다. 그런데 다시 생각해 봐도 그것은 매우 지혜로운 방법이었다. 편지에 자기 이름이 있으니 온 가족이 함께 편지를 읽게 되지 않겠는가!

물맷돌 4.
'증언'하면 복음을 거부당하지 않는다

편지를 보낸 후 3일이 되었을 때 김 이사에게서 반가운 연락이 왔다. 그는 내게 고맙다고 했다. 그리고 우리는 점심식사 약속을 했다.

집중기도를 하며 성령님께 복음 제시를 어떻게 하는 것이 좋을지를 여쭤 보았다. 과거 나는 사람을 만날 때마다 "하나님이 당신을 사랑하십니다. 4영리를 들어 보셨습니까? 예수 믿으면 천국이지만 믿지 않으면 지옥입니다" 하고 이야기했다. 그럴 때마다 상대는 나와 대화하기를 거부하곤 했다. 복음 전도에 실패한 것이다.

그러나 물맷돌 훈련을 실행한 이후 내 복음 제시 전략은 '다짜고짜'가 아니라 '황금언어를 통한 관계 맺기'와 '섬김을 통한 신뢰 쌓기', 그리고 '간증을 통한 복음 제시'로 이어졌다. 이때 간증은 매우 중요한 역할을 한다. 사람들이 음식점을 선택하는 데도 '후기'를 검색하지 않는가? 하물며 인생을 건 신앙을 선택함에 있어 성도의 증언을 가장 듣고 싶어 한다는 것을 알았다.

나는 과거 쓰디쓴 경험을 교훈삼아 간증문을 작성했다. 내가 만난 하나님을 증언한다는 것은 내가 경험한 것을 당당하게 제3자에게 알리는 것이다. 내가 섬기는 그 분이 길이요 진리요 생명이기 때문에, 증언을 하는 데 있어 두려워할 이유가 전혀 없다. 증언은 사람을 살리는 영혼의 심폐소생술과 같다. 따라서 예수님을 만나 무엇이 변화되었는지를 작성하고 훈련해야 한다. 나는 사도 바울을 모방해서 간증문을 작성했다. 간증문은 사도행전 22장과 26장을 참고해 '예수 믿기 전의 나', '예수를 믿게 된 동기', '이후 삶의 변화'를 정리해서 작성했다.

증언은 상대방에게 믿음의 동기를 유발시키는 촉매제다. 그렇기 때문에 나는 예수님과 친밀한 관계를 갖기 위해 날마다 노력한다. 그런데 김 이사와 나눌 간증을 준비하면서 나는 놀라운 경험을 했다. 도리어 내 신앙을 점검하는 계기가 된 것이다. 신부인 나는 신랑 예수님과 어떤 사랑을 나누고 있는지를 점검하면서 회개가 터져 나오고 감격의 눈물이 솟구쳤다. 주님과의 관계가 회복되니, 주님을 자랑하고픈 마음이 불타올랐다.

이렇게 간증을 준비하면서 나는 김 이사와 조용히 대화를 나눌 수 있는 식당을 정했다. 드디어 약속 날, 김 이사를 만나 정해 두었던 식당에서 이런 저런 대화를 나누며 식사를 했다. 그리고 식사를 마칠 즈음, 김 이사는 내게 왜 자기에게 이토록 깊은 관심을 갖고 편지를 보내 주며, 온 가족을 위해 기도해 주는지 이유를 물었다. 주변에 교회 다니는 사람이 여럿 있지만, 아직까지 그 누구도 자기에게 관심을 기울이거나 하나님을 왜 믿어야 하는지에 대해 설명해 준 사람이 없었다는 것이다. 이때 나는 왜 내가 이런 자리를 만들었는지 나의 간증을 통해 설명했다.

"이사님, 우리 인생길은 누구에게나 초행길입니다. 그래서 불안합니다. 참을 수 없는 갈증으로 해갈을 기대하며 이 우물 저 우물을 기웃거리지만 어떤 물로도 해갈이 안 되는 것이 인생 아닐까요?

불교는 참선을 통해서 구도의 길을 찾아간다고 가르칩니다. 그러나 성경은 예수를 만나면 인생의 모든 문제가 풀린다고 가르칩니다. 그러나 우리가 그분을 받아들이지 못하는 가장 큰 장애는 죄라고 설명합니다.

죄는 인류와 하나님을 분리시킵니다. 분리는 곧 사망입니다. 죄는 값을 지불해야 벗어날 수 있습니다. 그러나 우리는 죄인이기 때문에 죗값을 받을 뿐 죗값을 치를 수는 없지요. 그래서 하나님 되신 예수가 우리의 죗값을 대신 치르기 위해 인간의 모습으로 이 땅에 오셔서 십자가에 달려 죽으셨습니다.

왜 그렇게까지 하셨을까요? 저와 이사님을 사랑하시기 때문입니다. 여기에 우리의 소망이 있습니다. 우리가 소망을 붙들 수 있는 이유는 바로 그 사실을 믿기만 하면 된다는 것이지요. 그래서 이것을 복된 소식, 즉 '복음'이라 합니다. 저는 예수를 만나고 죄에서 벗어나 자유와 행복을 누리고 있습니다. 오늘도 그분이 주시는 희락, 비타민을 공급받았습니다."

여기까지 얘기한 후에 나는 말씀 카드를 꺼내 김 이사와 요한복음 몇 구절을 함께 읽었다.

하나님이 세상을 이처럼 사랑하사 독생자를 주셨으니 이는 그를 믿는 자마다 멸망하지 않고 영생을 얻게 하려 하심이라 요 3:16

영접하는 자 곧 그 이름을 믿는 자들에게는 하나님의 자녀가 되는 권세를 주셨으니 요 1:12

그때 그의 눈이 놀라운 빛을 내고 있었다. 나는 그 순간을 놓치지 않고 고백의 중요함을 설명했다.

"예수님은 우리를 인격적으로 대하십니다. 그분의 사랑을 감사함으로 받아들이고 고백하면, 그분과 영원한 관계가 이뤄집니다."

그리고 이번에는 로마서 말씀을 함께 읽었다.

네가 만일 네 입으로 예수를 주로 시인하며 또 하나님께서 그를 죽은 자 가운데서 살리신 것을 네 마음에 믿으면 구원을 받으리라 사람이 마음으로 믿어 의에 이르고 입으로 시인하여 구원에 이르느니라 롬 10:9-10

"이사님도 그분을 영접하시겠습니까?"

나는 계속 속으로 선포기도를 외치면서 성령님의 역사를 목도했다. 그의 입에서 "네! 나도 그분을 영접하겠습니다" 하는 대답이 떨어졌다. 그 한마디가 나를 감동시켰고, 내 온몸의 세포를 춤추게 했다. 사도행전 16장 14절에서 복음을 들은 루디아의 마음을 주께서 열어 사도 바울의 말을 따르게 하셨다고 했는데, 그 말씀이 내 눈앞에서 똑같이 일어나고 있었다. 주님은 감사하게도 내게 그 기적의 순간을 보여 주셨다.

물맷돌 5.
기록해 두라

천하보다 귀한 존재를 관리하고 섬기는 데 있어 내가 갖춰야 할 최소한의 태도는 무엇인가? 그에 대한 정보를 기록하고 기억하는 것이다. 기록만큼 기억을 살려 주는 것은 없다. 그래서 나는 언제 누구를 만나든 기록할 수첩을 늘 갖고 다닌다(행 1:2). 그리고 상대방의 이야기에 귀를 기울여 듣다가 잊지 말아야 할 정보가 생기면 그것을 꼼꼼하게 기록해 둔다. 김 이사를 감동시킨 섬김도 이 기록에서 시작했다.

chapter 05

물맷돌 전도 후
새신자로의 초청

교회로 초청하라

나는 김 이사와의 대화를 계속 이어 갔다. 문득 교회로 초청해야 하는데, 어떻게 이야기를 꺼내야 할까 생각했다. 그러면서 마음속으로 성령님께 질문했다.

'우리가 교회에 나가야 하는 구체적인 이유를 세상의 언어로 잘 설명하려면 어떻게 해야 할까요?'

그때 성령님은 내게 좋은 아이디어를 주셨다.

"이사님! 전자 제품 하나도 목적에 맞게 사용하기 위해서는 매뉴얼에 대한 설명을 듣고 사용합니다. 우리가 인생의 풍성함을 누리며 당당하게 살아가기 위해서는 그분의 말씀을 들어야 합니다. 그런데 예수님의 사랑의 메시지가 그 어떤 방해 없이 선포되는 곳이 어디인 줄 아십니까? 바로 교회입니다.

물론 교회가 다 옳고 바른 것은 아니지만, 우리는 그곳에서만이 주님의 말씀을 듣고 몸으로 경험하며 체득할 수 있습니다. 우리가 교회에 시간을 내서 나와야 하는 이유가 바로 그때문이지요. 예배 중 말씀을 들을 때 자녀들은 꿈을 꾸게 됩니다. 말씀을 들을 때 우리는 내가 누구인지, 어디로 가는지를 알게 됩니다. 그러니 온 가족이 함께 교회에 나오는 것을 권유합니다. 가족과 상의해서 나올 주간을 결정해 알려 주시면 잘 준비하겠습니다."

3일 후, 김 이사는 교회 첫 출석 날을 그달 넷째 주일로 정했다며 연락을 주었다. 소식을 접한 나는 지속적인 선포기도와 감사기도를 병행했다. 감사헌금을 드리며 그 가정을 맡겨 주심에 감사했다. 그리고 김 이사의 가족을 위한 초청장을 편지 형식으로 준비해서 보냈다.

교회로 초청한 후에는 어떻게 할까?

기다리던 넷째 주일이 되었다. 김 이사의 가족이 교회에 도착했다. 나는 주차 장소를 안내하고, 자녀인 진국이와 형국이는 미리 연락해 둔 교회학교 부서로 연결해 주었다. 나는 김 이사 가족에게 이왕 오시는 걸음 30분 전에 오도록 안내했다. 그 이유는 담임목사님을 찾아가 함께 기도하기 위해서였다.

나는 천하보다 귀한 한 영혼에 대해 내가 어떤 태도를 취하는 것이 좋을까 종종 자문자답하곤 한다. 그리고 나는 처음 성도를 초청했을 때 담임목사님에게 내 새 생명 사역을 보고하고 지도받는 것이 합당하다고 결론을 내렸다. 그래서 토요일마다 메일을 통해 내일은 누가, 어떻게 교회에 처음 출석하게 되는지를 담임목사님에게 알렸다.

당시 담임목사였던 김인중 목사님은 그 바쁜 일정 속에서 단 한 번도 가볍게 그분들을 대한 적이 없었다. 나는 이런 방식으로 다양한 계층의 사람들을 교회로 초청했고 예배 전에 별도로 담임목사님을 뵙도록 안내했다. 김인중 목사님은 은퇴 전까지 쉼 없이 새신자들을 영접해 주었다.

새신자 양육은 교회의 숙제다

교회에 처음 나오는 사람은 예배의 방식과 용어 등에 매우 어색할 수밖에 없다. 예배 전에 잠시 차를 마시면서 예배 순서나 헌금 사용처, 교육에 참여하는 방법 등을 안내하는 것도 좋은 방법이다. 그러나 여기에서 끝나서는 안 된다. 교회와 성도에게는 새신자들의 정착을 위해 풀어야 할 과제가 있다. 나는 모든 새신자에게 시간이 허락되는 한 예수가 누구인지, 왜 예수를 믿어야 하는지, 성경은 어떤 책인지를 수 주에 걸쳐 설명해 주고 있다. 이는 계속 풀어내야 할 과제다.

물맷돌이 내 삶을 바꿔 놓다

그렇다면 물맷돌 훈련을 통해 나는 무엇을 경험했고, 내 삶이 어떻게 변화되었을까? 대략 다음과 같이 정리해 볼 수 있겠다.

첫째, 예수님의 마음, 즉 긍휼의 마음을 품게 되었다.

둘째, 예수님의 최대 관심사인 하나님 나라에 초점을 맞추게 되었다.

셋째, 생활 방식이 복음적 마인드로 전환되었다.

넷째, 비교(경쟁)의식을 버리자 교회 안과 밖의 삶이 하나로 통일되어 투명하게 되었다.

다섯째, 가정이 에덴동산으로 회복되었다.

chapter 06

전도의 문을 여는
진단질문

"교회 다니세요?"는 이제 그만

내가 처음 전도를 시작한 2009년, 그때 내 전도의 열정을 돌이켜 보면 이웃에게 선택권을 부여한 전도가 아니라 강요적, 명령형 전도였다.

내가 상대방 입장에서 생각을 해 봐도 만나자마자 다짜고짜 전하는 '예수 천당, 불신 지옥'이라는 말은 듣는 이들에게는 뜬금없는 소리로 들렸으리라는 생각이 들었다. 나는 애절한 심정으로 전했지만 그들에게 보인 내 모습이 그들 마음의 문을 닫게 했고, '너나 잘 믿어라'로 응수하게 만들었다.

그렇다면 우리는 복음을 전하기에 앞서 첫 질문을 무엇으로 하면 좋을까? '교회 다니세요? 예수 믿으세요?'는 첫 만남부터 벽을 만들어 버리기 십상이다. 나는 성령님께 상대방이 긴장하지 않고 반응할 수 있는 질문을 구했다. 반응이 없는 질문은 대화를 지속할 수 없기 때문이다. 전도의 주체이신 성령님은 2010년 새해 기도 시간에 누구나 반응하고 그 사람의 삶의 스타일을 곧바로 파악케 하는 하나의 질문법을 내 입술에 담아 내뱉게 하셨다.

"일요일엔 뭐 하세요?"

"일요일에 뭐 하세요?"

내 입술에서 이 질문이 처음 터져 나온 2010년 1월 초, 나는 베란다 기도실에서 무릎을 치며 탄성을 내뱉었다. 이 질문이라면 누구나 반응할 것 같았다. 특히 교회를 다니지 않는 사람들에게 '주일'이라는 생소한 단어보다 '일요일'이라는 친숙한 단어를 사용하기 때문에 부담이 없을 것이다.

나는 두근거리는 마음으로 그날 출근길 엘리베이터에서 만난 이웃 주민에게 이 질문을 사용해 보았다. 마침 엘리베이터에서 40대로 보이는 남성을 만났다.

"안녕하세요, 혹시 몇 층에 계시죠?"

"18층입니다."

"선생님은 일요일에 뭐 하세요?"

그러자 그는 즉답을 했다.

"성당에 나갑니다."

우리의 대화는 어색함이나 불쾌감이 없었고 잠깐이었지만 자연스럽게 이어졌다. 그날 내 마음은 온종일 흥분의 도가니였다. '일요일엔 뭐 하세요?'라는 질문이 상대를 단숨에 반응하게 한다는 것이 확인된 것이다. 닫힌 성문 안을 들어갈 열쇠를 발견한 것만 같았다. 전도의 두려움이 일시에 걷히는 환희를 경험했다.

그 주일 나는 김인중 목사님의 목양실을 방문해 기도를 부탁드
렸다. 본격적으로 전도자로서 살겠다고 마음을 정하였다.

"목사님, 저를 위해 안수 기도해 주세요. 제가 인생 후반전을 목
사님의 열정을 본받아 전도자로 살겠습니다."

이때부터 전도의 문이 열리기 시작했다. 이 질문을 시작으로 온
가족을 초청하는 전략적 질문과 황금기도를 창안했다. 이듬해 2월
부터는 매 주일 내가 복음을 전한 거래처 사장, 직원들이 아내와 자
녀의 손을 잡고 교회에 나오는 벅찬 광경을 보게 되었다. 나는 이
모든 과정을 토요일마다 메일로 김인중 목사님에게 전했다. 이번
주일에는 어떤 가정이 처음 교회에 나오는지 알렸고, 교회에 나온
그들은 담임목사님을 통해 다시 복음의 맥 '4영리'를 듣고 예수 영
접 후 예배를 드렸다. 이 즈음 내 전도 사역을 지켜보시던 김인중
목사님은 그의 책 《성령에 붙잡힌 전도자》(규장, 2011)에서 신출내기
전도자의 전도 사역을 소개하며 '전도에 관한 적자(嫡子)는 정재준
장로'라고 나를 소개해 주었다. 엄청난 부담이었지만, 주님이 "내가
되게 하리라" 하신 말씀에 의탁하고 더욱 겸손히 이 사역을 감당하
기로 했다.

이때부터 사람의 마음을 여는 첫 열쇠는 질문에 있음을 확신했
다. 지금도 성령님의 인도하심에 따라 예수님이 사용하신 질문을
배우는 데 혼신의 힘을 다하고 있다.

매일 두 사람을 만나다

누구나 매일 한 명 이상의 사람을 만나 관계를 맺으며 살아가는 것이 우리의 일상이다. 사람의 입장에 따라 하루에 만나는 숫자가 천차만별일 것이다. 전도자로 살아가는 나는 일상에서 하루에 몇 사람을 만나며 살고 있는가? 한번쯤 생각해 보았다. 진단질문을 하다 보니 크게 두 부류로 구분되고 있음을 발견했다. 한 사람은 예수를 믿는 사람이고, 다른 한 사람은 예수를 모르는 사람이다. 사실 이것을 단번에 분별해 내는 질문은 "일요일엔 뭐 하세요?"라는 진단질문이다. 이 질문을 하면 다음과 같이 반응한다.

"교회 나갑니다."

"성당에 갑니다."

"집에서 쉽니다."

"운동을 하기도 하고 친구도 만나고 취미활동도 합니다."

단번에 삶의 스타일이 파악됨에 따라 전도 전략을 세울 수 있다. 예를들어 이미 교회에 다니거나 성당에 나간다는 사람에게는 예수님과 관계를 알아보고, 구원에 대한 확신이 없는 사람(선데이 크리스천)에게는 요한복음 3장 16절을 가지고 주님과 관계를 회복하도록 인도한다. 전도의 열매를 맛보지 못한 성도에게는 이웃 구원에 관심을 갖도록 한다. 그리고 예수를 모르는 사람에게는 성령님의 인도하심에 따라 섬길 수 있도록 구분하여 기록하고 전도 대상자로 삼는다.

그런데 의외로 예수를 모르는 사람에게 예수님을 소개하는 일은 부담스럽지 않은데, 이미 예수를 믿는 사람에게 전도 동력을 부여하는 일은 절벽 앞에 선 것 같은 부담이 있다. 무엇이 이런 느낌을 갖게 하는 것일까? 그 원인은 여러 가지로 진단할 수 있겠지만 구령의 열정이 식은 것이 큰 원인으로 보인다. 그 외에 삶의 무거운 멍에 때문에, 자존심을 내려놓아야 하는 문제가 아닐까 생각한다.

여러 교회에서 초청해 주어 단에 서게 되는 일이 있었다. 그럴 때마다 나는 일상에서 복음을 전하는 삶이 행복하다고 외쳐 보았다. 그런데 대부분 성도는 아직 "나는 아니다"라고 손사래를 쳤다. "교회 사역과 믿음 생활만 잘하면 되지 않겠습니까?"라고 항변하는 사람도 있었다. 이런 분위기에서 전도 동력을 불어 넣고자 하는 나의 외침은 허공을 맴돌기 마련이다. 이것이 내가 맞닥뜨린 또 하나의 절벽이다.

가나안 성도에서 믿음을 회복한 구 사장

나는 사무실 빌딩에 있는 식당을 가끔 이용했는데, 그날은 새벽 기도를 하던 중에 식당을 운영하는 구 사장의 얼굴이 떠올랐다. 성령님이 주신 신호로 알고 구 사장과 대화를 하기 위해 바쁜 시간을 피해 1시 30분 이후에 찾아갔다. 예상대로 손님이 거의 없었다. 반갑게 맞아 주는 구 사장에게 음식 맛이 좋아 방문했노라고 칭찬했다.

식사를 마친 후 차를 마시면서 구 사장과 이런 저런 이야기를 나누었다. 먼저 식당을 운영하는 데 애로사항이 있는지를 물어봤고, 이어서 "일요일엔 뭐 하세요?"라고 진단질문을 던졌다. 그러자 구 사장은 가만히 생각하는 듯하더니 주방에서 일하는 아내를 불러 내 앞에 나란히 앉는 것이 아닌가. 그리고 그동안 교회에 출석하지 못해 마음에 눌림이 있었던 그간의 심경을 털어놓는 것이었다.

"제가 고백할 것이 있습니다. 사실 저는 과거 신앙생활을 해 오다가 요즘엔 교회에 출석하지 않고 있는데, 선생님이 제게 일요일엔 뭐 하느냐고 물으시니 가슴이 벌렁벌렁하면서 주일 성수를 하지 못한 것에 대한 죄책감이 밀려오네요. 하나님께서 부르시는 것 같아요."

그의 뜻밖의 고백에 외려 내가 놀랐다. '일요일엔 뭐 하세요?'라는 질문이 그에게 다시 믿음생활을 회복하라는 하나님의 음성으로 들린 것이다.

이런 현상을 어떻게 설명 할 수 있는가? 내가 한 일은 성령님의 감동에 따라 새벽마다 "오늘은 누구를 붙여 주시겠습니까?" 희망기도를 드리고 일상에서 만난 그에게 진단질문을 한 것뿐이다. 그날 나는 조금 더 일찍 예수의 메신저로 살지 못했던 것을 후회했다. 그리고 지금이라도 예수의 메신저로 살아가는 내 자신이 자랑스럽게 느껴졌고 또 이 길을 인도해 주신 하나님께 감사했다.

이를 계기로 구 사장과 그의 아내는 큰딸 대학생 자영이, 둘째

고등학생 종민이의 손을 잡고 교회에 나와 믿음을 회복하였다.

모임에서 만난 기업인 김 대표

이와 같은 일은 그 후로도 계속 이어졌다. 기업인 모임에서 만난 김 대표와는 그저 일상적인 만남을 지속하곤 했다. 그런 만남에서는 속 깊은 이야기를 나눌 수 없기에 나는 성령님께 기도했다. 기도를 하던 중 김 대표 역시 성령님이 허락하신 만남이라는 감동이 왔다.

기도 후에 김 대표를 다시 만났다. 나는 진단질문을 통해 그의 생활 패턴을 파악하기로 했다.

"김 대표, 일요일엔 보통 뭐 하면서 지냅니까?"

그랬더니 이번에도 예상치 못했던 방향으로 대화가 흘러가기 시작했다.

"일요일이라… 사실 제가 어렸을 때는 일요일마다 교회에 다녔지요. 그런데 군 생활을 시작하면서 교회에 나가지 못했습니다. 지금까지도요. 그런데 법무사님의 그 질문이 마치 하나님께서 부르시는 음성 같군요. 아무래도 돌아오는 주일에는 교회에 다시 나가 봐야겠습니다. 잃어버린 믿음을 회복하고 싶습니다."

그날 이후 김 대표는 바로 교회에 등록했다. 지금은 찬양대원과 셀리더로 섬기고 있다.

비행기에서 만난 승무원

글로벌 NGO 대표를 맡아 스리랑카 콜롬보를 방문할 때의 일이다. 한 번 비행기를 타면 여덟 시간 이상 소요되는 장거리 비행을 해야 했다. 그럴 때면 기도와 독서를 하기도 하지만 그렇게만 보내기에는 아쉬움이 있었다. 때를 얻든지 못 얻든지 복음을 전파하라(딤후 4:2)고 말씀하시지 않았는가! 나는 이 말씀을 어떻게 실천할 수 있을까 고민했다. 그때 마음에 '이런 상황에서는 잠시 마음을 닫고 있어도 괜찮아' 하는 생각과 '어떤 관점에서 보느냐에 따라 이런 상황이 기회가 되기도 하지' 하는 생각이 교차했다.

순간 이 장소에서도 복음을 전할 수 있는 지혜를 달라고 성령님께 구했다. 비행기 안의 특수성으로 볼 때, 승객보다는 승무원에게 복음을 전하는 것이 유리하다는 감동을 주셨다. 긍정의 관점에서 바라보니 좁은 공간에서도 예수를 전할 가능성이 얼마든지 있어 보였다. 그러자 내 마음은 피곤함보다는 설렘으로 채워졌다.

비행기가 이륙한 후 고공에 이르렀을 때 승무원에게 식수를 요청했다. 한 잔의 물을 가져온 승무원 김○○씨에게 친절함에 감사를 전했다. 그리고 일을 하면서 어려운 점은 없느냐고 물어보면서 자연스럽게 대화의 문을 열었다. 그는 친절함을 잃지 않으며 내 질문에 응답해 주었다. 나는 이어서 "일요일엔 뭐 하세요?"라고 질문을 던졌다. 그는 직업의 특성상 일요일엔 일을 하기도 하고 쉬기도하지만, 보통 쉬는 날에는 휴식을 취한다고 했다. 그리고 내게 목적지가 어디냐고 물었다. 당시 내가 탄 비행기는 스리랑카의 콜롬보를 경유해서 몰디브로 가는 비행기였기 때문이다. 내가 한 달에 한번 정도 스리랑카에 가는데, 오늘이 그날이라고 하자 사업차 가는지를 물었다. 나는 그에게 스리랑카 청년들에게 희망을 주는 직업학교 추진 프로젝트를 설명했다.

그는 매우 감탄하면서 나에게 일요일엔 뭐 하느냐는 질문을 한 이유를 물어보았다. 사실 이렇게 되묻는 사람은 지금껏 없었기 때문에 어떻게 대답해야 할까 고민하다가 이야기했다.

"보통 사람들은 쉬는 날인 일요일을 어떻게 보내느냐에 따라 삶의 질이 달라지곤 하는데, 승무원께서는 어떤 라이프스타일을 가지고 있는지 궁금했습니다."

그리고 내 이야기를 해 주었다.

"나는 보통 교회에 나가 하나님께 예배를 드립니다. 예배를 드릴 때 목사님을 통해 듣는 하나님의 말씀이 내 영혼을 흔들어 놓기에 사모함으로 예배 자리에 나가곤 합니다."

"그렇군요. 저는 초등학교 때 친구를 따라 교회에 나갔던 경험이 있습니다. 그렇지만 그때뿐이었고 이후로는 나가 본 적이 없어요."

그의 이야기를 듣고 나 역시 교회에 나간 일이 없다가 믿음의 배우자를 만나 교회를 나갔고, 예수를 만나게 되었다고 이야기했다. 그러자 그가 예수를 만나면 무엇이 달라지느냐고 되물었다. 나는

"그분을 만나면 삶의 의미를 알게 되고, 무엇보다 나를 누르고 있는 죄의 멍에가 벗겨져 죽음이 두렵지 않는 담대함이 임합니다"라고 설명했다. 그리고 "친절한 승무원께서도 그분을 만나면 소망을 갖게 될 것입니다"라고 대화를 마무리했다.

그날 그 승무원을 만나 틈틈이 대화를 지속할 수 있었던 것은 성령님이 나의 희망기도에 응답해 주셨기 때문이라고 믿는다. 나는 콜롬보 도착 한 시간을 남겨 두고 항공사 엽서에 글을 썼다.

김○○ 승무원님!
오늘 우리의 만남은 우연이 아님을 믿습니다.
오늘 제가 소개한 예수님은
우리를 구원하시기 위해 이 땅에 내려오신 하나님이십니다.
그분의 사랑은 교회에서 설명이 됩니다.
기회를 만들어 교회에 나가 보세요. 그리고 그분께 기도해 보세요.
'예수님, 제가 예수님의 사랑을 알 수 있도록 도와주세요' 라고
순간순간 속삭여 보세요.
예수님께서 반드시 응답해 주십니다.
<승무원님을 위해 기도하는 정재준 장로 드림>

앞으로 만남을 기약할 수 없을 것이라 여겼기에 이 엽서를 승무원에게 전달하고 나는 줄곧 그를 위해 기도했다.

2개월 후, 나는 그날도 스리랑카 콜롬보로 향하는 비행기에 올랐다. 그런데 놀랍게도 두 달 전 만났던 승무원을 그곳에서 다시 만났다. 그가 먼저 나를 알아보고 인사를 해 주었다. 참 반가웠다. 비행기가 이륙한 후 그가 내 자리로 찾아와 인사를 건넸다.

"장로님 감사합니다. 그때 주신 손편지에 감동을 받아 친구를 따라 교회에 두 번 정도 출석했습니다. 목사님 설교를 들으면서 인생의 꿈이 열리는 것 같은 경험을 했습니다."

성령님은 말씀(딤후 4:2)에 순종한 전도자에게 기쁨의 선물을 안겨 주셨다. 나는 항공사 홈페이지에 그 승무원을 칭찬하는 메시지를 남겼다.

내가 한 일은 '일요일에는 뭐 합니까?' 하고 물어본 것이 다였다. 그런데 그들 마음에는 그 질문에서 하나님의 음성을 듣게 된 것이다. 정말 놀라운 경험이었다. 이 모든 것이 새벽마다 일상이 복음의 통로가 되기를 소원하는 나의 기도에 대한 하나님의 응답이라고 믿는다.

그 후로도 나는 서른 번이 넘도록 스리랑카를 오고가는 여정에서 항공 엽서에 손편지를 써 승무원들에게 전하곤 했다. 그 엽서에 담긴 예수의 사랑이 그들의 인생에 터닝 포인트가 되기를 기도한다. 주님이 훗날 반드시 그들과 천국에서 만나는 기쁨을 주시리라 믿고 소망하고 있다.

…너희 말이 내 귀에 들린 대로 내가 너희에게 행하리니 민 14:28

chapter 07.

온 가족 전도 전략,
황금기도

온 가족을 연결할 고리를 찾아라

2010년 1월 어느 날 새벽기도를 드리는데, 성령님이 내게 '온 가족 초청 전도 전략을 세워 보라'는 메시지를 주셨다. 한 영혼을 전도하는 것도 쉽지 않은데 온 가족을 주님 앞으로 인도하라니, 당시 내게는 무거운 과제였다. 그래서 나는 오히려 성려님께 되물었다.

"어떤 전략을 세우면 가능한가요?"

성령님이 답을 주실 것이라 확신했기에 지속적으로 질문했다. 마침내 성령님은 내게 힌트를 주셨다.

"온 가족을 연결할 고리를 찾아라."

연결고리라…. 나는 그 무렵부터 이 문제에 대한 답을 찾기 위해 온 신경을 곤두세웠다.

그런 가운데 뉴스에서 기러기 아빠에 관한 사연이 방송되고 있었다. 그때 나는 이 땅 모든 부모의 최고 관심이 자녀에게 쏠려 있음을 간파했다. 또한 성령님은 내 소년 시절을 상기시키셨다.

열두 살 소년 가장이 예수님을 만나기까지

그러고 보면 나는 독특한 환경에서 성장했다. 열두 살 어린 나이에 소년 가장이 되었던 것이다. 그 일은 내 의지와는 관계없는 사건이었다. 아버지는 정미업을 하셨고, 나는 남들과 다름없는 유복한 가정에서 마치 왕자라도 된 것처럼 남부럽지 않은 소년 시절을 보냈다. 그러던 중 갑작스런 아버지의 별세는 그야말로 청천벽력이었다. 그 충격으로 어머니는 자리에 누우셨고, 나는 하루아침에 병약한 어머니와 두 동생을 책임져야 하는 소년 가장의 멍에를 메게 되었다.

그 암울한 시절에 내게 친구가 되어 준 것은 밤하늘의 빛나는 별 뿐이었다. 밤마다 강둑에 올라 별과 대화하며 좋은 법조인이 되는 꿈을 품었다. "뜻이 있는 곳에 길이 있다"는 국어 선생님이 들려준 문장을 주문처럼 되뇌며 독학의 길을 걸었다.

그 속담은 청소년 시절 내내 나를 지탱해 준 버팀목이었다. 꿈이 있었기에 낮엔 밥벌이하고 밤이면 호롱불 앞에서 한자를 읽었다. 누나가 놓고 간 중학교 책과 안현필의 《메들리 삼위일체 강의》로 혼자서 공부했다. 잠을 잘 때도 책을 가슴에 품고 잤다.

그런 과정에서 별정 우체국 집배원으로 취직이 되어 3년 동안 일하면서 반가운 소식을 마을에 전했다. 그때 마을에서 만난 형과 누나들 덕분에 수학과 영어를 어깨너머로 배울 수 있었다. 그뿐만 아니라 문학 전집까지 접할 수 있었다.

그때 읽은 책들이 내 가치관 형성의 토대를 마련하는 데 큰 역할을 해 주었다. 특히 《레미제라블》을 읽으면서는 무슨 일이 있어도 도둑질은 하지 않겠다고 스스로 다짐하고 또 다짐했다. 어머니와 두 동생을 부양하는 것이 그렇게 힘이 들 줄 어찌 알았겠는가. 그렇지만 꿈이 있었기에 부지런히, 그리고 당당하게 살았다.

3년의 집배원 생활을 정리하고 광주 충장로에 있는 도매 약국인 화인약업사에 취직했다. 사장님은 내게 천사와도 같은 분이었다. 입사 6개월이 지났을 무렵 내가 검정고시에 도전할 계획이라고 말씀드리자 약 10개월 정도 공부할 수 있는 장학금을 흔쾌히 주셨다. 나는 그 돈으로 소년가장이 된 이후 7년 만에 공부할 수 있는 기회를 갖게 되었다. 내게는 정말 금쪽같은 10개월이었다. 정신일도하사불성(精神一到何事不成)의 자세로 몰입하였다. 마침내 고입 검정고시에 합격했다. 열아홉 살 청년의 생애에서 맛본 첫 성취이자 감격이었다. 약국 사장님은 거기에 그치지 않고 내가 대입 검정고시까지 준비할 수 있도록 또 장학금을 주셨다. 그 장학금 덕에 대입검정고시에도 합격했다.

나는 가족들을 부양해야 할 책임이 있었기에 9급 공무원으로 사회에 진입했다. 그리고 법원 행정고시에 합격하기까지 네 종류의 국가 공무원 시험에 합격했다. 첫 공무원 임지는 삼척등기소로 받았다. 그것이 계기가 되어 영동선 야간열차에서 안동 아가씨인 아내를 만날 수 있었고, 이 일은 불교 가정에서 성장한 내가 신앙의 길로 들어서는 결정적 계기가 되었다.

나는 광야학교 독학과를 특별전형으로 입학하여 이수하면서 여기까지 올 수 있었다. 돌아보면 꿈을 품고 정직하게 살고자 분투해 온 나의 노력에 대한 하나님의 보상이자 선물이라고 생각한다. 그러나 인생 여정에 무엇보다 큰 복은 만남의 복일 것이다. 내가 일찍 아버지를 여의고 독학으로 공부할 때도, 자주 옮겨 다니는 공직생활을 할 때도 하나님은 내게 항상 좋은 친구, 스승, 배우자를 만나게 해 주셨다. 사회에서는 약국 사장님, 믿음 안에선 김인중 목사님과 많은 교우들, 배우자인 나의 아내를 만나는 복을 받았다.

이 모든 과정을 거쳐 만남의 복을 세어 보니 뭐니 뭐니 해도 예수님과의 만남이 내 인생 최고의 복임을 고백하지 않을 수 없다. 예수님을 만나고 성경이 믿어지면서 정말 까무러치게 놀란 적이 있다. 에베소서를 읽던 중이었다.

> 곧 창세 전에 그리스도 안에서 우리를 택하사 우리로 사랑 안에서 그 앞에 거룩하고 흠이 없게 하시려고 엡 1:4

나 같은 죄인을 창세전에 계획하시고 인도하셨다니 너무나 놀랍고 감사하지 않은가!

연결고리를 발견하다

나는 내가 걸어 온 길목에서 체득한 것을 성령님이 말씀하신 온 가족을 주님께로 인도할 연결고리로 삼고 전도 대상 부모들과 공유하기로 했다. 또한 이것이 귀하게 사용되기를 소원하는 마음으로 '황금기도'라 이름을 붙였다.

그 연결고리의 구체적인 내용은 바로 이것이다. 부모로서 자녀를 교육함에 있어 첫째, 하나님 안에서 꿈을 갖도록, 둘째, 바른 가치관을 갖도록, 셋째, 좋은 친구와 만남을 위해, 넷째, 좋은 스승과 만남을 위해, 다섯째, 믿음의 배우자와 만남을 위해 기도하는 것이다. 이 다섯 가지 기도제목은 관계의 문을 여는 황금언어와 함께 물맷돌 전도에 있어 핵심 도구로 그 역할을 톡톡히 하고 있다.

세상에서는 특허를 내면 절대 그 비밀을 누설하지 않는다. 하지만 하나님 나라에서는 거저 받았으니 뭐든 공유하는 것이 원칙이다. 나 역시 이 물맷돌 전도의 핵심 도구를 누구든 사용하기를 간절히 바란다. 실행하기만 하면 기적 같은 놀라운 변화를 경험하리라 확신한다.

눈을 들어 밭을 보라

출입하는 금융기관을 복음의 시선으로 바라보기 시작했다. 내 사무실의 주 거래처는 은행이다. 은행은 담보대출을 할 경우 담보 등록 업무를 법무사에게 위임한다. 업무적인 관계에서 보면 은행이

갑, 내가 을인 셈이다. 나는 갑 위치에 있는 거래처 은행을 자주 출입한다.

그날도 역시 새벽기도 시간에 "누구를 제게 붙여 주시겠습니까?" 하며 희망기도를 한 후에 은행을 방문했다. 나는 보통 은행 방문은 전략적으로 오전 9시 이전에 도착하도록 한다. 그리고 기도 중에 떠오른 직원과 차를 한잔 한다. 대화를 하는 동안은 황금언어를 사용하려고 노력한다. 질문하고 들어 주고 추임새를 넣는 리액션 과정에서 위로와 칭찬을 적절하게 사용하며 대화를 이어 간다.

그날 함께 차를 마신 사람은 대출을 담당하는 김 과장이었다. 그는 나에게 사건을 배정해 주는 사람이다. 그가 지점에 부임해 온지 얼마 되지 않았기에 업무적인 소통을 통해 신뢰를 쌓기 위해 노력했다. 그 이후 자연스럽게 이야기를 나누다가 몇 가지를 물어봤다.

"김 과장, 은행 입사한 지는 몇 년 쯤 됐나요?"

"10년이 넘었습니다"

"아, 그렇습니까? 금융인으로 출발하셨는데, 목표는 역시 은행장이겠지요?"

그는 머쓱하게 웃으며 대답했다.

"거기까지는 생각을 못 했습니다."

"그렇다면 지금부터 은행장의 눈으로 바라보면서 다시 꿈을 갖고 준비해 보세요. 제가 기도하겠습니다."

이렇게 격려하자, 김 과장도 싫지는 않은지 미소를 지었다. 나는 이어서 김 과장의 5년 후 목표를 물어봤다. 그리고 기도 수첩을 꺼내 김 과장의 입사 날짜와 5년 후 목표를 기록했다. 대화를 더 진행하던 도중 "일요일엔 뭐 하세요?" 하고 물어봤다.

"저는 아내와 맞벌이를 하기 때문에 주말에는 가능한 가족과 함께 보내려고 노력합니다."

나는 이렇게 가정에서 가족과 함께하는 시간을 소중하게 생각하는 사람을 만나면 마치 모래사장에서 보석을 발견한 듯 벅찬 기대감이 생긴다.

"아 그러시군요. 좋은 아빠, 친절한 남편이시네요. 자녀는 몇이나 되는지요?"

"세 명입니다."

"와! 요즘 같은 때에 정말 대단합니다. 자녀들을 위한 교육 목표가 있나요?"

"그저 건강하게 자라기를 바라고, 그렇게 염원하고 있지요."

나는 여느 때처럼 그에게 자녀를 위한 다섯 가지 기도제목을 이야기했다. 먼저 꿈에 대한 이야기를 시작했다.

"우리 자녀들이 살아가면서 반드시 품어야 할 것이 있다면 꿈이 아닐까요? 꿈을 품으면 꿈이 자녀를 이끌고 가지 않겠습니까? 혼자 잘 먹고 잘사는 인생이 아니라, 이웃을 살리고 선한 영향력을 주는 인생이 자랑스럽지 않을까요? 어떤 부모들은 금수저를 물려주고 돈의 위력을 가르치기 위해 애쓰기도 하던데, 우리는 자녀들에게 그보다 더 바람직한 꿈수저를 갖게 해 주는 게 어떨까요?"

"듣고 보니 공감이 됩니다."

"김 과장! 그런데 많은 사람이 멋진 꿈을 이루어 놓고도 가치관이 바르지 않아 한 순간에 무너지는 모습을 매일 언론을 통해서 보고 듣습니다. 저는 인생의 성적표는 어찌 보면 인생 성과물에 가치관을 곱한 것이 아닐까 생각합니다.

그런데 이 성적표의 정산 방식이 곱셈인지라 간혹 가치관이 0이면 아무리 성과물이 좋아도 헛일이 되는 것 같습니다. 그래서 사회적으로 큰 성과를 이룬 이들이 자신뿐만 아니라 가정과 가문, 사회에 먹칠을 하곤 하지요. 자녀에게 바른 가치관을 심어 주는 것이 매우 중요하다고 생각합니다."

그가 동의한다는 듯 고개를 끄덕일 때, 나는 다시 만남의 복에 대한 얘기를 꺼냈다.

"자녀가 멋진 꿈과 바른 가치관을 가지고 살아갈 때 만남의 복을 받아야 하지 않을까요? 인생은 누구를 만나느냐가 결정적 영향을 미치는 것 같아요. 친구와의 만남, 스승과의 만남, 배우자와의 만남이 중요하지 않을까요?"

"공감합니다."

"그런데 이것들은 모두 미래적인 과제이지요. 미래는 미지의 세계입니다. 그래서 저는 제가 믿는 전능하신 하나님께 새벽마다 자녀를 위해 기도합니다. 괜찮다면 김 과장의 세 자녀를 위해서 기도

해도 될까요? 하나님은 죄와 윤리에 어긋나지 않는 기도는 응답해 주십니다."

다행히 김 과장은 흔쾌히 승낙해 주었고, 나는 자녀의 이름을 물어보았다.

"첫째가 초등학교 6학년 지숙이, 둘째가 4학년 지은이, 셋째가 1학년 지미입니다."

이어서 아이들의 엄마를 위해서도 기도하고 싶다고 하자 김 과장은 '백현미'라는 이름을 알려 주었다. 나는 이 내용을 기록한 뒤 말씀 카드를 꺼내 함께 읽고 말씀의 뜻을 풀어 설명해 주었다.

> 그들에게 이르기를 여호와의 말씀에 내 삶을 두고 맹세하노라 너희 말이 내 귀에 들린 대로 내가 너희에게 행하리니 민 14:28
>
> 여호와는 네게 복을 주시고 너를 지키시기를 원하며 여호와는 그의 얼굴을 네게 비추사 은혜 베푸시기를 원하며 여호와는 그 얼굴을 네게로 향하여 드사 평강 주시기를 원하노라 할지니라 하라 민 6:24-26

김 과장과는 그날의 만남을 기점으로 복음적 관계로 전환(일반 생활 관계에 있던 사람을 전도 대상자로 품는 것)했다. 이는 곧 그의 구원을 위해 내가 할 수 있는 모든 역량을 가지고 주님께 매달리는 관계를 말한다. 나는 매일 아침 그의 얼굴을 손으로 받쳐 들고 주님이 그 가정을 심방해 달라고 간구했다. 다섯 명의 가족 이름을 낱낱이 불러 가며 선포기도를 하고, 감사헌금을 드렸다. 또한 그 가정을 어떻게 섬겨야 할지 성령께 질문했다. 주님이 주신 감동에 따라 편지를 보내고 세 자녀에게 적합한 책을 보냈다.

하루는 식사를 함께하며 대화를 하던 중 그가 나에게 물었다.

"왜 저에게 이렇게 잘해 주십니까?"

나는 사람들에게 이런 질문을 받을 때마다 내가 예수님을 만나 인생의 변화를 경험하고 행복한 삶을 살아가게 된 이유를 말씀과 간증을 통해 들려주었다(롬 10:17).

이후에도 나는 일상에서 김 과장의 가정을 위해 수시로 이름을 부르며 선포기도를 하고 그를 찾아갔다. 또한 한 달 중 어느 하루를 정하여 부부 동반으로 식사 자리를 가졌다. 그 자리에서 우리 부부가 예수를 만나 행복하게 살아가고 있다는 간증을 하자 김 과장 부부는 자기들도 우리가 믿는 예수님을 믿고 싶다고 고백했다. 그리고 자기들이 정한 주일에 교회로 나와 온 가족이 함께 예배를 드렸다.

사실 나는 10여 년 동안 성령님과 동행하며 전도 사역을 해 오면서 김 과장과 같은 사례를 수도 없이 접해 왔다. 전략적 질문과 자녀를 위한 다섯 가지 황금기도제목으로 나는 많은 가족이 하나님 앞으로 나오는 것을 목격할 수 있었다. 그때마다 나는 이 귀한 도구를 거저 주신 하나님께 감사하다.

이 책의 원고를 쓰는 날도 나는 거래처 은행에 부임한 부지점장과 인사를 나누며 진단질문을 하고 자녀를 매개로 잠시 이야기를 나누었다. 다섯 가지 황금기도제목을 연결고리로 그의 두 자녀를 위해 기도하겠다고 약속을 하고 온 가족 정보를 전략적 질문을 통해 기록했다. 그리고 매일 새벽 그 가족들의 이름을 불러 가며 기도하는 감격을 누리고 있다. 이런 감격을 맛볼 때마다, 나는 하늘을 향해 엄지를 치켜세운다.

"하나님, 멋지십니다. 성령님, 감사해요."

chapter 08.

전도자가 드리는
오병이어

주님은 성령님을 통해 우리 일상에서 복음을 전할 수 있는 기회와 아이디어를 주신다. 이는 실제 전도 현장에서 내가 경험하고 있기 때문에 자신 있게 말할 수 있다. 전도자의 할일은 그저 소소하게 생각할 수 있는 것까지 성령님께 질문하고, 그때 임한 감동에 순종하여 상황에 맞게 실행하는 것이다.

따뜻한 말 한마디, 화사한 미소, 상큼한 문자, 정성을 담은 편지 한 장, 성의 있는 식사 초대, 질문을 통해 알게 된 소중한 정보를 기록하는 태도, 그 영혼을 위한 쉼 없는 기도, 약속을 반드시 이행하는 진정성. 이것들은 우리가 주님께 드리는 오병이어가 아닐까 생각한다. 각자 받은 은사대로 더 많은 아이디어를 오병이어로 드리기를 소망한다.

내가 주님께 올려드렸던 오병이어는 바로 이런 것이었다.

첫째, 어떤 만남이든 우연으로 여기지 않고 성령님께 질문한다. 그분의 인도를 받으면서 기도와 섬김을 지속한다.

둘째, 황금언어를 골라 자연스럽게 사용한다.

셋째, 질문의 능력을 향상시킨다.

넷째, 자녀를 둔 부모에게는 황금기도제목으로 다가간다. 자녀를 매개로 한 전략적 질문은 온 가족을 전도하는 마스터키와 같다 (이 책 85p 참고). 내가 이 다섯 가지 기도제목에 확신을 갖는 것은 나 자신이 먼저 경험했고, 자녀와 손자에게도 적용하면서 계속 경험을 넓혀 가고 있기 때문이다. 또한 복음은 관계망을 타고 지속적으로 흘러가야 한다. 자녀를 매개로 하면 꿈과 만남을 소재로 대화를 준비하기 때문에, 관계가 지속되고 폭넓은 대화의 장이 마련되는 강점이 있다. 나는 이것 때문에 지금까지 수많은 가정과 복음적 네트워크를 갖고 섬기고 있다.

다섯째, 기록한다. 특히 온 가족을 전도 대상자로 삼았다면 가족의 이름을 모두 기록해서 그 이름을 불러 가며 기도한다. 이렇게 기도하면 이름을 쉽게 기억할 수 있고, 전화 통화를 하거나 만남을 가졌을 때 그 자녀의 이름을 불러주며 안부를 챙길 수가 있다. 문자를 보낼 때도 이름을 기록하고, 황금기도제목대로 매일 기도하고 있다는 소식을 전하고 있다. 감동은 정성을 담은 디테일에서 결정된다.

여섯째, 한 마리의 양, 즉 한 영혼을 찾기까지 결코 포기하지 않으시는 주님의 전략과 집중력 있는 태도를 배운다(눅 15:4).

일곱째, 기관이나 모임을 방문 할 땐 특별히 더 기도로 준비한다. 성령님은 준비된 메신저에게 영혼을 맡겨 주신다.

여덟째, 복음 제시 타이밍은 섬김 과정에서 "왜 내게 잘해 주십니까?" 하고 상대방이 반문할 때다. 이때 간증과 함께 예수님을 소개한다.

아홉째, 누가 알아주든 알아주지 않든 마음으로 품고 섬긴다. 섬김의 과정에서 주의해야 할 것은 상대방을 교회로 인도하기 위한 목적보다 예수님의 마음인 긍휼이 훼손되지 않게 하는 것이다. 그 경계선을 넘지 않게 잡아 주는 것이 바로 기도의 자리다. 어떤 경우에도 기도의 물맷돌이 먼저다. 더불어 섬김의 하이라이트는 편지다. 편지는 진정성을 전하는 대단히 소중한 도구다. 하나님은 우리에게 수많은 편지를 성경으로 전해 주셨다. 내가 그분의 메신저라면, 한 영혼을 향해 한 통의 편지 보내는 일에 기꺼운 마음으로 참여해야 한다는 생각은 당연한 것이 아니겠는가?

열째, 복음을 설명하는 연결고리는 상대방이 공감할 수 있는 소재를 사용한다. 예수님도 하나님 나라를 설명하실 때는 누구나 알 수 있는 것을 소재로 삼으셨다. 그러면 거부당하지 않고 설명할 수 있다. 예를 들어 식사 중에는 밥상 위에 올라온 반찬을 소재로 '왜 우리는 땅에서 자란 식물을 먹지 않으면 안 되는가?'(창 2:7), 최초로 전신 마취를 당한 사람은 누구일까?'(창 2:21), 태어나면서부터 배꼽이 없었던 사람은 누구일까?' 하는 소재를 가지고 대화의 물꼬를 트면 자연스럽게 창세기를 설명할 기회를 갖게 된다. 이런 아이디어는 성령님께 구하면 누구에게나 꾸짖지 아니하시고 생명력 있는 지혜를 주시리라 확신한다.

나의 비결은 성령님께 질문하고 주신 아이디어를 즉각 실행하는 것이다. 내가 실행하는 그 모든 것은 오병이어에 불과하지만 주님의 이름으로 섬김의 도구로 내 놓자 성령님은 이것들을 사용하셔서 놀라운 열매들을 경험하게 하셨다.

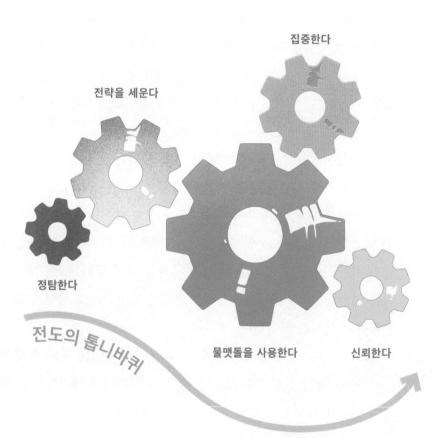

집중한다

전략을 세운다

정탐한다

전도의 톱니바퀴

물맷돌을 사용한다

신뢰한다

PART 3

골리앗 앞에
서다

chapter 09.

전도자의
이웃

"내 이웃은 누구입니까?

어떤 율법교사가 예수님께 "내 이웃이 누구니이까"(눅 10:29) 하고 묻는다. 그때 예수님은 강도 만난 사람을 도운 사마리아인의 비유를 들어 내가 섬겨야 할 이웃의 의미를 알려 주신다. 나도 전도를 하기에 앞서 주님께 여쭈었다.

"나의 이웃은 누구입니까? 어디서부터 시작할까요?"

그때 성령님은 이렇게 응답해 주셨다.

"네 가정에서부터 시작해라. 삶의 향기를 아내에게 먼저 선물해라."

성령님은 여리고로 내려가다 강도 만난 사람에게서 나로 인해 상처받은 아내의 모습을 보게 하셨다. 나는 마치 강도 만난 사람을 피해 가던 제사장이나 레위인 같았다. 성령님은 지금이라도 내가 아내의 상처를 살피고 관계를 회복하기를 바라셨다. 그리고 방법을 몰라 고민하던 내게 에베소서의 말씀을 보여 주셨다.

> 남편들아 아내 사랑하기를 그리스도께서 교회를 사랑하시고 그 교회를 위하여 자신을 주심 같이 하라 엡 5:25

성령님의 가르침에 따라 밖으로 향하던 내 관심의 방향을 아내에게로 돌렸다. 만약 그때 나의 분신인 아내와의 관계를 먼저 돌아보지 않고 이웃의 구원만을 위해 밖으로 나섰다면 어떻게 됐을까?

전도자의 삶은 가정에서 시작한다

이전의 나는 밖에서는 잘나가는 직업인이요, 교회에서는 장로였으며, 집에서는 권위적인 남편이었다. 아내의 고통이나 아픔을 공감하고 존중하는 태도는커녕 그녀의 말을 진지하게 들어 줄 줄도 몰랐다. 아내에게 명령하고 요구했으며, 모든 일을 내 위주로 선택하고 결정했다. 그야말로 과거 한국에서 흔히 볼 수 있었던 가부장적인 남편의 전형이었다.

아내와 나는 영동선 야간열차에서 처음 만났다. 우리는 옆자리에 앉았고, 이런 저런 대화를 나누게 되었다. 그러다 보니 네 시간이 훌쩍 지나 아내가 내릴 역에 다가가고 있었다. 다음에 다시 만나고 싶었던 나는 메모지에 당시 다니던 직장 주소를 적어 아내에게 건넸다. 그러나 아내는 내게 자기 주소가 적히지 않은 편지를 두 차례 보내고는 소식을 끊었다. 이름도, 연락할 방법도 몰랐던 스물네 살 청년은 그날 야간열차에서 만난 한 여인에 대한 연정을 가슴 깊이 숨겨 놓았다.

아내와의 재회를 오매불망 염원하던 나는 2년이 지나 한 장의 엽서를 받게 되었다. 이미 직장도 떠났던 터라 내게 그 엽서가 배달되기까지는 수개월이 걸렸다. 누군가가 휴지통에 버려 이미 사라졌어도 이상할 것 없는 엽서였다. 기적처럼 내 손에 들어온, 아내가 보낸 엽서에는 짤막하게 쓴 예쁜 손글씨가 적혀 있었다.

잘 지내시나요?

머나먼 이국 독일에서 소식 전합니다.

<이영애>

내 안부를 묻고 있는 엽서 속의 두 문장은 열정 많은 청년의 심장을 다시 파도치게 했다. 그것이 사닥다리가 되어 나와 아내는 2년간 줄기차게 러브레터를 교환했다. 둘 사이의 가교 역할을 해준 편지 덕분에 전라도 바보온달과 경상도 평강공주가 새 가정을 이루었다.

시작이 이렇게나 드라마와 같았는데, 한 편의 영화를 찍어도 모자랄 만남을 통해 가정을 꾸렸는데 왜 나는 아내에게 그 첫 마음을 잃어버리고 만 것일까? 시작만 놓고 보자면 우리 가정은 차고 넘치게 행복했어야 했다. 그런데 나는 뭐가 중요한지도 모르는, 형편없는 가장이자 남편이었다. 내 몸에 체질화된 마초적 문화는 교회에 출석하며 신앙생활을 하면서도 그 껍질을 벗겨 내지 못했다. 나는 엉터리 성도일 뿐이었다. 그러다 보니 알게 모르게 아내에게 준 상처가 얼마나 많았겠는가. 이 모든 것을 주님이 알게 하셨고 깨닫게 하셨다.

결국 성령님은 나를 만지시고 가지치기해 주셨다. 그 결과 오랜 악습을 끊어 내고 전도자로서의 면모를 다질 수 있었다. 그렇게 10여 년의 세월이 흘렀다. 아직도 온전히 벗겨지지 않은 잔재들이 남아 있어 매일 그 잔재를 씻어 내기 위해 몸부림치고 있다. 그간의 세월 속에 성령님이 지적해 주신 것들을 회개하며 아내와 마음이 통하는 소통의 남편이 되어 가고 있음에 감사하다.

나는 "아내 사랑하기를 자기 자신과 같이 할지니 자기 아내를 사랑하는 자는 자기를 사랑하는 것이라"(엡 5:28)는 말씀 적용을 온몸으로 시작했다. 소소하지만 가사를 함께했고, 무엇보다 언어를 바꾸었다. 평소 내가 사용해 온 말이 아내의 가슴 속에 눈에 보이지 않은 상처를 숱하게 입혔다는 걸 안 이상 이제는 내가 달라져야만 했다. 그동안 얼마나 아내에게 화내고, 아내의 말을 무시하고, 행동을 지적하면서 살아왔던가.

나는 그동안 마치 모국어처럼 사용해 온 부정적 언어 습관을 버리기 위해 치열하게 몸부림쳤다. 좋은 것을 발견하거나 독특한 유머를 창안하면 나는 아내에게 먼저 소개하고 사용했다. 그것을 제일 먼저 알아보고 반응해 준 사람도 역시 아내였다.

"여보, 당신에게서 언어의 향기가 나요."

말씀에 따라 내 언어가 고쳐지면서 가정 안에 에덴의 기쁨이 회복되었다. 벌거벗었으나 부끄럼이 없고, 돌아서면 또 보고 싶은 설렘의 신혼이 다시 한 번 시작되었다.

아내와의 관계가 회복되자 모두가 꿈꾸는 하나님의 가정이 우리 집안에 세워졌다. 우리는 하루를 열기 전 함께 찬양하고 말씀을 나누었다. 나는 출근할 때마다 아내의 축복을 받으면서 집을 나섰다. 집을 나서는 내 발걸음은 사슴처럼 가벼웠다. 그러면서 아내와 나는 비로소 한 팀을 이루게 되었다.

무엇보다 아내가 매일 내게 건네주는 격려와 지지하는 말들은 내 안의 좌절감, 무력감, 죄책감에 사로잡힌 나를 전도자의 삶으로 출발하게 했다.

"하나님 나라는 늦은 때가 없다잖아요. 30년 전 야간열차에서 만났을 때 저는 당신의 오늘 모습을 보았어요. 기도하며 인내하고 있었답니다."

아내의 이 한마디는 누구도 줄 수 없는 최고의 찬사가 되어 내 온 몸의 세포를 춤추게 했다. 아내의 뜨거운 격려와 인정은 어떤 난관 속에서도 나를 외롭지 않게 하는 빛이 되고 있다. 하루는 내가 아내에게 '늘빛'이라는 별칭을 건넨 적이 있다. 즉석에서 아내는 내게 '늘 푸른 나무'라는 별칭으로 화답해 주었다. 나는 아내가 보내는 사랑의 햇살을 받기에 삶의 현장에서 누구를 만나도 기죽지 않고 주님을 자랑할 수 있게 됐다.

이렇게 아내를 향한 내 태도를 고치고 관계를 회복하고 나자 믿음생활 23년 만에 전도의 열매가 나타나기 시작했다. 아내의 격려를 자양분 삼아 주님의 복음을 전하자 이제는 한 영혼을 넘어 온 가족을 인도하는 열매를 경험하게 하셨다. 어떤 해는 53주를 연속해서 새신자 남편이 아내와 자녀의 손을 잡고 교회로 나오는 감격을 누리게 하셨다.

따라서 이 책에서 나누는 모든 '전도행전'은 우리 부부가 함께한 삶의 보고서이다. 이때부터 내가 가장 좋아하는 음식은 왕 갈비탕으로 바뀌었다. 내 갈비뼈로 빚어진 아내 이영애를 생각하며 먹는 갈비탕은 한 숟가락으로도 힘이 솟아나는 마력의 음식이 되고 있다.

변화가 가정에서 사업장으로 확장되다

내 생활 전반을 예수님의 관점으로 바라보며 리모델링하고 나자 변화의 삶이 가정과 사업장에서 나타나기 시작했다. 관점을 바꾸고 나니 말투를 바꾸는 것이 어렵지 않았다. 잠자리에서도 식탁에서도 거실에서도 아내를 칭찬하고 격려했다.

가정에서 시작된 언어의 변화는 직장에서도 자연스럽게 정착되었다. 직원들에게 명령하고 지적하던 언어를 격려와 칭찬의 언어로 바꿔 사용하기 시작했다. 그리고 직원들을 가슴에 품고 기도하기 시작했다. 직원들보다 한 시간 늦게 출근하던 습관을 한 시간 먼저 출근하여 청소하고 차를 준비하는 것으로 고쳤다. 고객들에게 사건의 진행 과정을 직접 문자로 알리고 전화로 설명했다. 며칠이 지나자 직원들은 부담스럽다면서 종전대로 하기를 요청했다. 나는 그들에게 진솔하게 고백했다.

"하나님을 믿는 성도로서 그동안 여러분의 어려움을 이해하기보다 실수나 잘못을 야단치고 내 사업장이라며 주인 노릇했던 것을 시인합니다. 이제부터는 여러분과 동등한 팀원의 입장에서 함께하겠습니다."

그 선언이 있은 후 3개월이 지나자 나의 진정성이 전달되면서 사무실 분위기가 확 달라졌다. 고객들에게도 사건 진행에 대해 친절하게 직접 안내하자 더욱 신뢰를 표시했다. 야근에 익숙한 직원들의 업무를 줄여 주자 여유가 생겨 웃음소리가 흘러나왔다. 직원들의 눈빛이 생기를 뿜어내는 것을 보았다. 일대일 면담을 통해 그들의 꿈을 묻고 인생의 참 성공 기준은 무엇인가를 가지고 담론도 하고 그들의 이야기를 들어 주었다.

마음이 담긴 소통으로 내 진정성이 전달되자 그들은 내가 왜 이렇게 달라졌는지를 물었다. 나는 지금까지 예수를 믿는다 하면서 예수님의 진정한 가르침대로 살지 못했음을 더 구체적으로 고백했다. 이제부터라도 예수님을 따라 제대로 살아가기로 결단한 작은 몸부림으로 이해를 해 줄 것을 부탁했다. 그리고 그 대화를 계기로 예수를 만나야 진정한 자유, 평안, 행복을 누리게 된다는 것을 간증을 통해 들려주었다. 요한복음 3장 16절 말씀을 들려주는 것도 잊지 않았다.

하나님이 세상을 이처럼 사랑하사 독생자를 주셨으니 이는 그를 믿는 자마다 멸망하지 않고 영생을 얻게 하려 하심이라 요 3:16

조급함을 버리고 우리가 왜 십자가 사랑을 받아들여야 하는지를 설명했다. 예수를 믿으면 우리에게 어떤 소망이 생기는지를 지속적으로 설명했다(벧전 3:15). 그때마다 그들의 눈빛이 달라지더니, 한 사람씩 교회 출석을 하고 직원들 모두가 믿음생활을 하게 되었다.

직원들이 내 삶을 공감하게 되었을 때 고객에게 복음을 나누기 위해 별도로 상담실도 만들었다. 이 모든 변화가 내 언어의 변화에서 시작되었다는 것이 놀랍지 않은가? 이렇게 내 전도는 가정에서 시작해 사업장으로 확장되었다. 내 이웃은 그리 먼 곳에 있지 않았다. 항상 나와 함께 생활한다는 이유로 크게 신경 쓰지 못했던 그들이 내가 먼저 돌보아야 할 이웃임을 알게 되었다.

일터를 통해 세상을 바라보다

또 이르시되 너희는 온 천하에 다니며 만민에게 복음을 전파하라 막 16:15
또 자기 십자가를 지고 나를 따르지 않는 자도 내게 합당하지 아니하니라 마 10:38

언제부턴가 나는 이 말씀을 삶 속에 어떻게 적용할 것인지를 놓고 이전과는 다르게 자주 고민하게 되었다. 내 고민거리는 대략 다음과 같았다.

첫째, 만민을 향해 가라는 명령을 어떻게 이해해야 하는가?

둘째, 내가 복음을 전할 곳은 어디인가? 관심을 가져야 하는 사람은 누구인가?

셋째, 내가 짊어지는 십자가 의미는 어떻게 해석해야 하는가?

나는 생업을 통해 가정 경제를 책임져야 하는 가장이다. 그런데 과연 내가 온 천하를 다니며 복음을 전하고자 밤낮없이 전도지를 들고 길거리로 나가야 한다면 내 가정은 어떻게 될 것이며, 내가 책임지고 있는 일터는 누가 경영한단 말인가!

그러다가 나는 주님이 주신 일터와 생활공간에서 만나는 사람에게 복음적 관심을 갖는 것이 나의 십자가라고 생각했다. 이렇게 생각을 하고 사업장을 바라보니 바로 내 사업장이 일터교회라는 걸 깨달았다. 직원들은 일터교회를 섬기는 사역자요, 고객은 나에게 맡겨 주신 양으로 여겨졌다.

이런 관점으로 직원과 고객을 바라보자 그들을 대하는 나의 태도가 달라지기 시작했다. 그들의 말을 경청하고, 그 영혼의 갈증을 함께 보듬고 나누려는 진지한 태도로 전환이 되었다. 거래처인 은행이나 기업체 직원들도 비즈니스 차원이 아닌 복음적 시선으로 바라보게 되었다.

주님의 방식을 따른 최적 경영 전략

기독인 경영자라면 규모와 상관없이 성경적 원리를 적용한 최적 경영을 하고 싶은 갈망이 있다. 나 역시 과거엔 엄두를 내지 못했지만, 한 번도 가 보지 않은 길이었지만 도전의 용기가 생겼다. '목표 지향적 삶의 방향을 관계 지향적 삶으로 전환한 경영 방식은 어때야 하는가?'에 대해 성령님께 질문했다.

성령님은 같은 업종 동료와 경쟁하지 않고 살아가는 방식을 생각해 보라 하셨다. 그 말씀을 적용하기 위해 직원들과 논의 끝에 타 사무실 거래처를 내 거래처로 만들기 위한 영업 마케팅은 중단하기로 했다. 사업장의 규모를 줄이기 위해 업무의 가지치기를 통해 법무사 업무 중 부동산 등기 사건보다 수임료가 수 배 넘는 회생, 파산, 경매 등은 취급하지 않기로 했다. 만약 그런 고객이 의뢰해 오면 경영의 어려움을 겪고 있는 이웃 동료의 사무실로 안내하기로 했다. 그들도 복음의 대상자라고 생각했기 때문이다. 그밖에도 최적 경영 전략을 세웠다. 비교의식은 버리고 경쟁력을 높이는 전략이다. 고객에게 정확한 정보와 친절을 제공하고, 가성비가 좋은 법률 서비스를 갖추는 것이다.

그렇게 조금씩 바꿔 나가자 예상치 못한 일이 발생했다. 고객들이 입소문을 내면서 내 지식이 필요한 사람들을 소개하기 시작했다. 고객이 자원하여 '정재준 법무사의 홍보 대사'가 되어 준 것이다. 입소문의 위력을 실감했다. "발 없는 말이 천 리 간다"는 속담이 괜히 있는 말이 아니라는 것을 알았다. "그런즉 너희는 먼저 그의 나라와 그의 의를 구하라 그리하면 이 모든 것을 너희에게 더하시리라"(마 6:33) 하셨던 주님의 약속의 말씀을 믿고 맡기자 그동안 내 목을 누르고 있던 영업의 무거운 멍에가 벗겨졌다. 맡김이 일상이 되면서 출근과 귀가 걸음이 깃털처럼 가벼워졌다.

변화의 향기가 주위로 퍼져 나가다

일상의 삶을 목표지향에서 관계지향으로 전환하자 마음의 여유가 찾아 왔다. 그 여유를 가지고 업무시간에는 고객과 대화하고 사람이 모이는 곳이라면 어디든 복음 전파 대상자를 찾아가기 위해 사용했다.

나는 하나님께 상대방을 배려하고 존중하는 태도를 갖게 해달라고 기도했다. 왜냐하면 나는 사람과 대화를 할 때 대화 분위기를 주도하려는 강한 욕구가 있었기 때문이다. 그래서 주위 사람들의 따가운 눈총을 받아 왔다. 이런 대인관계의 방식에 변화가 필요했다. 그리하여 구체적인 내용을 가지고 하나님 앞으로 나아갔다. 그리고 그 응답으로 내 언어의 태도는 과거와 달리 유연해졌고, 점차 주위 사람들에게 좋은 인상을 주고 있음을 느낄 수 있었다.

나는 사람들을 만나면 칭찬하고 격려하려고 노력했다. 내가 하고 싶은 이야기를 늘어놓기 보다는 질문을 던져 그들이 하고 싶어 하는 이야기를 끌어냈고, 나는 그저 추임새를 섞어 가며 그들의 이야기를 경청해 주었다. 과거에는 옆자리에 누가 앉든 먼저 "예수 믿으세요?", "천국과 지옥이 있습니다", "우리 교회 나와 보실래요?" 했던 대화 방식을 완전히 바꾼 것이다. 이렇게 대화의 방식을 바꿔 상대방의 욕구를 채워 주자 그들은 내게 한 마디씩 해 주었다.

"와, 어쩜 대화법이 그리 신선해요?"

"당신은 상대방을 기분 좋게 해 주는 데 아주 탁월하시군요."

나는 그들의 장점을 보고, 그들이 하는 말을 잘 듣고, 그중에서 골라 칭찬하고 격려하는 황금대화법을 사용했을 뿐이다. 마태복음 7장 12절 말씀에서 영감을 받아 창안한 황금대화법은 복음을 연결시키는 나의 중심 도구가 되고 있다.

> 그러므로 무엇이든지 남에게 대접을 받고자 하는 대로 너희도 남을 대접하라 이것이 율법이요 선지자니라 마 7:12

'한 사람'을 붙여 주신다

복음은 차별 없이 주위로 흘러가야 한다. 사도 바울도 "헬라인이나 야만인이나 지혜 있는 자나 어리석은 자에게 다 내가 빚진 자라"(롬 1:14)라고 하지 않았는가? 그렇다면 이 말씀을 이 시대에는 어떻게 적용할 수 있을까? "내가 모든 사람에게서 자유로우나 스스로 모든 사람에게 종이 된 것은 더 많은 사람을 얻고자 함이라"(고전 9:19)라고 하신 말씀을 토대로 우리가 섬길 수 있는 이웃을 분류해 보았다.

① 가족 공동체(배우자, 자녀)
② 혈연 공동체(친인척, 시가 또는 처가)
③ 생업 공동체(사업장 직원 또는 직장 내 동료)
④ 업무상 만나게 되는 다양한 고객
⑤ 교육 관련 종사자(학교 교사, 학원 강사, 과외 선생님 등)
⑥ 각 분야 서비스업 종사자(음식점 직원, 헤어샵 디자이너, 승무원, 콜센터 직원, 은행원, 공무원, 판매사원, 영업사원 등)
⑦ 기업인(CEO/전문인)
⑧ 사회적 약자(장애인, 독거노인, 미혼모 등)
⑨ 주일 예배에 참석이 어려운 사람(자영업자, 경비원 등)
⑩ 가나안 성도(교회를 나가다가 쉬고 있는 성도)
⑪ 교회는 다니지만 믿음이 없거나 한 교회에 정착하지 못한 성도
⑫ 선교 현장 주민

이밖에도 우리는 오고가며 만나는 이웃에게 복음을 전해야 한다. 그러나 우리에게는 시간적, 물리적, 공간적 한계가 있다. 따라서 모든 이웃을 다 감당할 수 없다. 믿음의 분량 안에서 감당해야 한다. 그래서 나는 전도를 하기에 앞서 성령님께 질문한다.

"오늘은 누구를 붙여 주시겠습니까?"

신비하게도 하나님이 복음적 관계를 맺을 수 있는 '한 사람'을 날마다 붙여 주심에 감사하고 있다. 왜 한 사람일까? 예수님의 방식은 '대량 생산의 법칙'이 아니라 '개별성 원칙'이기 때문이다. 주님은 양을 각각 불러 인도하신다(요 10:3). "양 백 마리가 있는데 그중의 하나를 잃으면 아흔아홉 마리를 들에 두고 그 잃은 것을 찾아내기까지 찾아다니지 아니하겠느냐"(눅 15:4) 하고 되물으신다. 주님은 누구에게나 맞춤형으로 임하신다. 왜냐하면 한 사람, 한 영혼이 천하의 가치를 갖고 있기 때문이다.

나는 전통적 전도 방식을 답습하기보다 주님의 방식을 모방하기로 했다. 내가 일상에서 만나는 한 사람에게 처음엔 신뢰의 관계를 맺고 섬기면서 복음을 제시할 때까지 3개월, 6개월, 1년, 때론 그 이상이 걸리더라도 조급해하지 않고 집중한다. 그럴 때 다음 말씀처럼 지경이 확장되어 감을 경험하고 있다.

> 오직 성령이 너희에게 임하시면 너희가 권능을 받고 예루살렘과 온 유대와 사마리아와 땅 끝까지 이르러 내 증인이 되리라 하시니라 행 1:8

이런 결과는 주님이 가르쳐 주신 물맷돌의 원리를 적용했기에 가능했다. 나는 한 영혼을 태신자로 확정하고 나면 다음과 같은 수순을 밟아간다. 이름하여 '전도의 톱니바퀴 원리'다.

첫째, 정탐한다(형편, 기질, 취미, 관심, 가족, 친구)

둘째, 전략을 세운다(관계 맺기, 지속의 연결고리, 문자. 전화, 편지, 식사)

셋째, 영적 무기 물맷돌을 사용한다('물맷돌 가이드북' 참고)

넷째, 집중한다(삶의 우선순위를 제1로 정한다)

다섯째, 신뢰한다('되게 하리라' 하신 주님의 말씀을 믿고 나아감)

chapter 10.

전도자의
예루살렘

인생 최고의 선물, 만남

사람은 관계적인 존재다. 혼자서는 살아갈 수 없다. 그래서 하나님은 우리 인생에 수많은 동역자를 보내시고 사람을 만나게 하신다. 인생 황금기를 맞이한 시점에서 돌아보니 사람과의 만남이야말로 최고의 복이자 가장 소중한 선물인 것 같다.

물론 모든 만남이 다 아름답지는 않다. 어떤 만남은 곧바로 잊히기도 하고, 또 어떤 만남은 차라리 안 만나느니만 못할 정도로 비린내가 나기도 한다. 올무가 되는 만남도 있고, 걸림돌이 되는 만남도 있다. 그러나 그런 만남들을 거치다 보면 주옥과 같은 만남을 경험한다. 그렇게 만난 사람들은 내게 희망과 용기를 주고 기쁨과 행복을 누리게 해 준다.

그 가운데서 결정적 영향을 주는 '찬스 만남'이 있다. 나의 경우 아내와 만남이다. 그 만남을 통해 예수님을 만나는 인생 대박 사건을 경험했다. 또 열정의 복음 전도자 김인중 목사님과의 만남도 내게는 아주 결정적인 순간이었다. 이 만남은 나를 예수의 메신저로 살아가게 하는 계기가 되었다. 이외에도 빚을 진 만남이 많이 있다. 이 모든 만남을 허락해 주신 하나님께 감사하다.

때로는 좋은 공동체와의 만남도 우리 인생의 결정적 만남이 되기도 한다. 내가 예수의 메신저로 살아가도록 영향을 준 단체는 한국기독실업인회(CBMC; Connecting Business & Marketplace to Christ)다. 이 단

체는 기업인과 전문인에게 복음을 전하고 양육하여 일터에서 하나
님 나라가 임하게 하는 것을 목적으로 탄생했다.

모임은 주 1회 조찬으로 한다. 모임 장소는 교회보다 호텔, 회관,
회사 사무실을 이용한다. 때때로 강의와 포럼 등을 열어 일터 사역
에 필요한 정보를 공유하기도 한다. 핵심 사역은 일터에서 만나는
비기독교 기업인과 전문인에게 복음을 전하는 것이다. 이를 위해
파란 색 VIP 카드에 내가 섬길 대상자를 기록하여 품고 영혼 구원
을 위해 기도한다. 호칭은 교회 직분보다는 일터 직함을 사용한다.

CBMC는 세계 경제 공황 때 기독교 기업인과 전문인들이 각성
하여 기도한 모임에서 출발했다. 한국에는 6.25 전쟁 때 미군 장교
에 의해 소개되어 지금은 전국 300여 지회와 해외150개 지회를 운
영하고 있다. 회원 수는 7,500여 명으로, 각자 흩어진 교회(일터)에서
주님의 향기를 발하고 하나님 나라를 회복하기 위해 애쓰고 있다.

나는 1996년 반월국가산업단지에 지회가 창립될 당시 창립 멤버
로 참여했다. 그때 나를 초대한 회원은 유이상 ㈜풍년그린텍 대표
이사다. 그를 통해 연결된 CBMC는 나에게 전도자로서 삶의 근육
을 키우는 데 결정적 역할을 해 주었다.

비기독교 기업인 또는 전문인을 곧바로 교회에 초청하면 대다
수는 꺼린다. 그런데 그들에게 교회 외 장소로 초대하면 십중팔구
는 참석한다. CBMC는 일터교회로서 그렇게 모인 사람들에게 성경
적 원리를 기업 경영에 접목시키는 통찰력을 제공한다. 돈을 버는

목적을 바로 세우고 직원들을 사랑으로 보듬는 경영자로 거듭나게 한다.

이렇게 토양 작업이 진척되면 첫 걸음 교재를 통해 성경과 예수에 대해 알아갈 수 있도록 돕는다. 그러다 보면 믿음이 없던 기업인, 전문인들이 가랑비에 옷이 젖듯 교제와 말씀을 통해 변화를 경험하면서 일터에서 하나님 나라를 건설하는 사명적 소명자로 거듭나게 된다.

나는 지회를 섬기고 또 다른 지회를 파송하기도 했다. 경기 서부 지역을 섬기는 연합회 사역을 섬기면서 기업인과 전문인 그리스도인에게 예수의 메신저로서 살아갈 수 있도록 도전을 주고 있다.

목욕탕에서 만난 박 사장

인생의 후반기에 접어들면 건강 관리 문제가 중요한 화제가 된다. 나는 주로 뒷산을 오르거나 날씨가 좋지 않은 날은 목욕탕에 들러 반신욕을 한다. 보통 30분 정도 따뜻한 물에 몸을 담그는데, 그 시간을 말씀 암송 훈련으로 활용한다. 핵심 말씀을 뽑아 A4용지에 기록하여 코팅한 말씀 용지 다섯 장을 가지고 가는 것이다.

하루는 반신욕을 하는데 한 사람이 옆으로 와서 묻는다.

"무얼 그렇게 중얼중얼 하면서 보고 계십니까?"

나는 그에게 읽고 있던 말씀 용지를 보여 주면서 요한복음 3장 16절을 읽게 했다.

> 하나님이 세상을 이처럼 사랑하사 독생자를 주셨으니 이는 그를 믿는 자마다 멸망하지 않고 영생을 얻게 하려 하심이라 요 3:16

그러자 그가 묻는다.

"이거 성경 아닌가요?"

"네, 맞습니다. 선생님은 일요일엔 뭐 하십니까?"

"절에 갑니다."

"부처님을 믿으시나요?"

그는 묵묵부답이다. 잠깐의 침묵이 어색해지지 않게 어린 시절 부모님을 따라 영광 불갑사에 갔던 이야기를 했다. 그랬더니 그가 내게 말해 주기를 자신은 부처를 믿어서가 아니라 그저 아내 따라 절에 간다는 것이다. 잠시 후, 탈의실에서 그를 다시 만났다. 서로 통성명을 하고 명함을 교환하고 보니 그는 공단에서 전자 제품을 생산하는 기업인이었다.

다음 날 새벽 기도 시간에 명함을 앞에 두고 성령님께 이 영혼을 붙여 주신 것인지를 질문했다. 감동이 와서 그를 태신자로 품고 섬기기로 했다.

전략을 세우되 조급하지 않게 하라

나는 목욕탕에서 만난 박 사장에게 전화 연락을 하고 만날 약속을 잡았다. 약속한 날짜가 되어 사무실에서 그와 함께 차를 한잔 하며 이런 저런 이야기를 나누었다.

먼저 나는 그에게 회사를 어떻게 시작했고 경영의 어려움은 무엇인지를 물어보았다. 그리고 그가 해 주는 이야기를 경청했다. 우리는 한 달에 한 번 만남을 유지했으며, 만나서는 일상의 대화를 나누었다. 그런 가운데 나는 그의 건강 관리법이라든가 취미, 가족 정보 등을 기록했다. 조급해하지 않고 새벽마다 그 영혼을 위한 선포기도에 집중했다.

그러던 어느 날 그가 내게 물었다.

"뭐가 그리 좋으신가요? 활기차고 생동감 있게 살아가는 모습이 궁금하네요. 비결이 뭔가요?"

나는 잠시 생각해 보고는 그에게 이야기해 주었다.

"그리 보였다니 다행입니다. 저 역시 매일 감당해야 할 과제가 많지만 30대 중반에 만난 그분이 주신 지혜와 능력으로 당당하게 살아가고 있습니다. 저는 그분을 만나기 전까지 인생이란 자기 자신이 성불이 되어 길을 찾아가는 것이라고 생각했지요. 그런데 그분을 만나고 보니 그분이 '곧 길이요 진리요 생명'의 궁극적 주체자이심을 알게 되었습니다. 그때부터 그분과 시작한 사랑의 데이트가 제 삶을 당당하게 살아가게 하는 동력이 되고 있답니다. 박 사장께서도 그분을 만나 보시면 제 설명이 이해가 되실 겁니다."

덧붙여 들려 준 내 간증에 그는 뭔가 엉킨 실타래의 끝을 발견한 듯 보였다.

복음의 접촉점은 서로가 공감할 수 있는 소재로

드디어 박 사장과 점심식사를 할 기회가 생겼다. 이때도 빠질 수 없는 섬김은 선포기도다. 한 영혼을 사탄의 굴레에서 구출하는 것은 치열한 영적싸움이다. 그 영혼 속에 있는 악한 사탄을 제압하지 않고서는 이 일을 감당할 수 없는 것을 알고 있기에 사탄을 꾸짖는 명령 기도를 지속적으로 했다.

그리고 식사 자리로 나갔다. 메뉴는 그가 좋아하는 비빔밥으로 했다. 식사 중 다음과 같은 질문을 던졌다.

식사 자리에서 활용할 수 있는 질문(창 2:7)
"사람은 왜 흙의 소산물을 먹지 않으면 안 될까요?"
"모든 보약은 흙의 소산입니다. 그 비밀을 알고 있습니까?"

이 질문은 식사 자리에서 서로가 공감하며 함께 대화할 수 있는 소재다. 특히 각종 채소가 담긴 비빔밥은 창조 복음을 설명하는 데 좋은 재료다.

> 여호와 하나님이 땅의 흙으로 사람을 지으시고 생기를 그 코에 불어넣으시니 사람이 생령이 되니라 창 2:7

나는 질문을 던지면서 미리 준비한 말씀 카드를 건네고 함께 읽었다. 그리고 인생 설계도인 성경에 대해 잠시 설명했다. 성경에는 우리 육체의 원료가 흙이라고 설명한다. 따라서 인간은 흙의 소산물을 반드시 먹어야만 한다는 원리가 담겨 있는 것이다. 이렇게 설명하자 박 사장도 인정할 수밖에 없는 사실 앞에 굉장한 호기심을 보였다. 나는 이어서 인간에게 들어온 죄의 실체와 창조의 질서를 자연스럽게 설명했다.

우리의 다음 만남은 성탄일이었다. 우리는 단둘이 사무실에서 미팅을 가졌다. 성경을 펴 놓고 성탄의 의미와 예수 탄생의 비밀을 설명했다. 그러면서 처음 목욕탕에서 만났을 때 내가 읽게 했던 요한복음 3장 16절 말씀이 우리를 향한 최고의 굿 뉴스, 복된 소식임을 차근차근 설명했다.

나는 그에게 하나님 되신 예수가 죄로 죽은 우리를 살리시고자, 우리 죄를 속량하시기 위해 이 땅에 오실 수밖에 없었던 이유를 설명했다(엡 2:1). 서두르지 않고 천천히 설명을 이어 갔다. 이어서 마태복음 1장 21절 말씀을 함께 읽으며 예수라는 이름의 의미를 설명했다. 또 우리가 왜 예수를 믿어야 하는지, 그 이유를 내 간증을 통해 이야기해 주었다.

"박 사장님! 사업가로서 성공하셨습니다. 그러나 사업의 성공이 인생 전부의 성공은 아니잖습니까? 제가 믿고 소개한 예수님을 삶의 주인으로 모시고 살아 보시겠습니까? 그분과의 만남은 조건이 없습니다. 백팔배, 삼천배 하는 수행이 아닙니다. 마음으로 믿어 입으로 시인하면 하나님 나라 호적에 우리 이름이 등재가 됩니다."

그러자 박 사장은 이렇게 말했다.

"제 주변에도 교회 다니는 사람이 있습니다. 그런데 그 누구도 진지하게 예수가 누구인지, 성경이 어떤 책인지를 설명해 준 사람이 없었습니다. 이렇게 저를 위해 애써 주심에 감동을 받았습니다. 법무사님이 믿는 하나님을 믿어 보겠습니다."

박 사장의 이 고백이 그 해 주님께 올린 성탄 선물이었다. 박 사장은 이렇게 결단하고 새해 첫 예배에 출석했다. 최근에 자녀 결혼식을 축복해 달라는 요청이 있어 기쁜 마음으로 주례를 감당했다. 대부분 하객이 불교 신자였는데 의미 있는 시간이었다.

운동과 비즈니스와 전도를 한 번에 성취하는 방법

일상생활에서 관계가 열린 곳이면 어디든 '전도의 장'이 된다. 그중 하나가 골프 모임이다. 골프 모임은 네 명이 한 팀이 되어 4시간 정도를 함께하는 스포츠다. 팀원이 된 사람을 '동반자'라 칭하는데 그때마다 동반자인 팀원은 자기와 관계하는 다양한 사람들로 구성된다. 구성원이 되면 4시간 정도를 필드에서 함께하기 때문에 다양한 이야기를 나눌 수 있고, 자연스럽게 전도의 기회가 생긴다.

나는 50세가 넘어 골프를 시작했다. 막상 골프를 시작하고 보니 이 운동만큼 전도하기에 유익한 운동이 없다는 생각을 한다. 골프 코스 18홀은 하루 운동량인 만보 걸음이 충족되는 스포츠다. 동시에 동반자와 인생을 소재로 대화를 하기에 안성맞춤인 운동이다. "먹든지 마시든지 무엇을 하든지… 그들로 구원을 받게 하라"(고전 10:31-33)고 하신 말씀에 도전하면 운동과 비즈니스, 거기에 전도까지 성취하는 일석삼조의 효과를 경험할 수 있다.

나는 골프가 성경의 원리에서 창안된 운동 같다는 생각을 한다. 골프는 자기 책임 하에 진행하면서 동반자와 함께해야 하는 운동이다. 샷을 할 때마다 욕심이 들어가면 한방에 무너지는 수가 있다. 힘을 빼야 하고 겸손을 겸비하여 공에 집중해야 한다. 또한 경기에 앞서 코스에 대한 사전 정보를 캐디로부터 제공받고, 경기를 마치면 성적표를 제출한다.

또한 골프는 룰이 엄격하고 동반자를 배려해야 하고 투명성과 정직을 담보로 해야 하는 운동이다. 그래서 성경을 통해 삶의 항로를 제공받는 인생과 견주어 생각해 볼 수 있다. 경기를 마치고 제출하는 성적표는 자신의 재무제표의 성격을 갖기 때문에 투명성과 진실성이 담겨야 한다. 간혹 이를 속여 제출하는 동반자가 있기도 하다(실제 아마추어 골퍼는 케디에게 위임하여 기록한다). 나도 내기 골프를 할 때 상대를 속인 적이 있었는데 그 일로 마음에 평안이 깨진 경우를 경험하기도 했다.

골프의 특징은 죽은 공을 살려서 보내는 운동이라고 말할 수 있다. 야구나 테니스처럼 살아서 날아드는 공에 타격을 주는 것과는 대조적이다. 얼핏 보기에는 쉬울 것 같지만 결코 쉽지 않은 것은 멈춰 있는 것을 살려서 보내야 하기 때문이다. 골프는 매 홀마다 자세를 결정하는 어드레스와 방향을 잡는 에임이 결정적 영향을 준다. 아무리 장타 실력이 있어도 오비(경계를 벗어난 공)가 나는 비거리는 경기를 망친다.

그래서 골프는 속도보다 방향이 먼저임을 알게 한다. 마치 인생이 방향을 어디에 두고 살아 갈 것인가가 결정적 영향을 주는 것과 같다고 하겠다. 골프 코스는 인생살이처럼 매 홀마다 장애물이 있다. 이때 한 번 만난 장애물을 잘 극복하지 못하면 경기 전체를 망칠 수 있기 때문에 지혜와 전략이 필요하다. 어떤 전략으로 극복 할 것인가는 자신이 결정해야 한다.

이러한 골프는 운동을 하면서 동반자와 함께 인생의 이야기를 나누며 필드를 걷다보면 어느 순간 마지막 홀을 향하게 된다. 그쯤 되면 우리는 서로의 깊은 속마음을 나누고 한층 더 가까워진다. 그때 나는 성령님이 가르쳐 주신 대로 이야기를 끌어간다. 이때는 전적인 성령님의 도우심이 필요하다. 이 시간을 위해 내가 매일같이 준비하는 것들이 있다.

첫째, 기도 시간을 확보하고 전략을 세운다.

24시간의 일상을 어떻게 준비하느냐가 하루를, 나아가 삶을 결정짓지 않겠는가? 그래서 나는 새벽기도 자리에서 하루 생활 전략을 세운다. 기도 자리에서 주님과 초점을 맞추면 내 영은 기뻐 춤을 춘다. "주님, 오늘은 누구를 보내 주시겠습니까?"라고 질문하며 희망을 담아 기도하면 신기하게 전략적 아이디어가 솟아난다.

둘째, 성령님께 황금언어를 구한다.

골프 운동이 시작되고 파란 잔디 위를 걸을 때 동반자들에게 희망과 용기를 주는 도구는 언어다. 말의 품격에 따라 인격이 달라진다. 그래서 나는 운동을 나가는 새벽에 무엇보다 언어 사용에 탁월한 지혜를 구한다. 동반자에게 어떤 이야기들로 대화를 이어 나가면 좋을지 성령님께 묻는 것이다. 예를 들면 다음과 같은 것이다.

- 분위기를 영적으로 조성하기 위한 질문
- 동반자의 삶의 관점을 알아볼 수 있는 질문
- 가정생활을 진단 할 수 있는 질문
- 동반자의 마음을 보듬어 주는 위로와 격려의 언어

이렇게 기도로 준비된 황금언어를 사용하면서 동반자의 마음 문을 두드린다. 거기에서 얻은 정보는 나중에 구체적인 기도를 하기 위해 수첩에 기록한다.

그밖에도 골프 가방에는 책, 설교나 찬양 CD와 같은 복음의 토양을 구축하기 위한 선물을 준비한다. 이런 선물은 동반자뿐 아니라 골프장에서 만나게 될 캐디를 위한 것도 함께 준비한다. 그리고 동반자와 교환할 명함과 수첩을 챙기는 것도 잊지 않는다.

한번은 자동차 엔진을 제조하는 박 대표와 함께 골프를 치게 되었다. 그날 아침, 나는 여느 때와 같이 기도로 준비하고 박 대표를 만나 운동을 시작했다. 18홀 라운딩을 마치고 악수를 하는데, 박 대표가 "참으로 즐겁고 유익한 라운딩이었습니다" 하고 인사를 건넸다.

그 말을 듣는 순간 성령님의 감동이 밀려왔다. 지금 그 사람에게 진단질문을 해 봐야겠다는 생각이 들었다. 그래서 나는 박 대표에게 물어봤다.

"박 대표님, 일요일엔 뭐 하세요?"

그랬더니 그의 눈빛이 사뭇 진지해졌다. 잠깐 생각을 하는 듯싶더니 입을 열었다.

"요새는 별다른 일 없이 보냅니다. 20년 전에는 교회를 다녔었는데, 지금은 가지 않고 있어요."

나는 그의 손을 잡고 한마디 했다.

"예수님 앞으로 다시 나갑시다."

그랬더니 박 대표가 "예, 감사합니다" 하고 화답해 주는 것이 아닌가? 이런 고백을 다혈질인 그가 어찌 쉽게 할 수 있었을까? 나는 성령님이 행하신 역사라 믿는다. 나는 그 고백을 연결고리로 하여 그와 세 번 만남을 갖고 그가 주님과 회복하는 데 일조하였다. 그는 예수님과 관계를 회복하고 술을 끊고 부부가 함께 송산 지역의 개척 교회에서 믿음 생활을 하고 있다.

결혼을 포기한 청년을 만나다

우리 사회에 'n포 세대'라는 신조어가 유행하고 있다. 젊은이들이 취업, 연애, 결혼, 출산과 같은 일들을 포기하면서 살아가고 있다는 것이다. 지인들 가운데서도 자녀가 결혼을 생각하지 않아 고민이라는 이야기를 자주 듣는다. 이런 미래 세대의 아픔과 고민을 우리는 어떻게 해석해야 하는가?

하루는 그들을 위해 기도하는데 하나님이 "주린 자의 심정을 공감해 보았느냐?" 하고 물어보신다. 나는 청년들과 진지한 대화를 나눠 보기로 했다. 그중 업무적으로 만나는 H건설사의 박 과장이 떠올랐다. 먼저 그를 위해 기도했다. 집중기도를 한 후 그와 만났다.

그동안 나는 박 과장과 업무적인 대화만 해 왔지만 그날은 달랐다. 먼저 "일요일엔 어떻게 지냅니까?" 하고 물어봤다. 그는 축구를 좋아해서 축구 경기를 시청하거나 독서하며 취미 생활을 즐긴다고 했다. 나는 그를 태신자로 품었다. 그리고 새벽마다 박 과장의 얼굴을 손에 받쳐 들고 긍휼을 구하는 기도를 했다. 감사헌금을 드리며 내 마음의 진정성을 담기도 했다.

그가 책 읽기를 즐긴다고 하기에 좋아할 만한 책을 골라 선물하기도 했다. 어떤 책으로 할까 고민하던 중 《청소부 밥》(위즈덤하우스, 2006)과 《쿠션》(비전과 리더십, 2008)을 선정해 손편지와 함께 선물했다. 그리고 3주에 한 번씩 만나 차를 마셨다. 날짜 선택권은 그에게 맡겼다. 가끔은 내가 커피숍에서 커피를 테이크아웃 해서 사무실을 방문하기도 했다. 그의 커피 취향이 아메리카노라는 것도 이미 파악하고 있었다.

"제가 이 커피를 좋아하는 걸 어떻게 아셨어요?"

커피를 건네는 나를 보는 그의 눈빛 가득 신뢰가 엿보였다.

그는 예절이 바르고 눈빛이 살아 있는 매력적인 청년이었다. 나는 그를 만나면 칭찬과 격려의 황금언어를 사용해서 섬겼다. 자연스러운 대화 분위기가 조성되자 그는 내게 자기 가족 이야기를 들려주었다.

사업가인 아버지가 술을 마시면 어머니를 폭행하는 모습을 보고 자랐고, 결국 부모님은 이혼을 했다고 했다. 그는 자기도 결혼하면 아버지와 같은 사람이 되지 않을까 하는 두려움이 있기 때문에 결혼을 하지 않기로 했다는 것이다. 무슨 말로 어떻게 그를 위로하고 희망을 갖게 할 수 있을지, 짐짓 조심스러운 마음이 들었다.

성령님께 지혜를 구하며 창세기 말씀을 설명했다. 흥미롭게 접근하기 위해 퀴즈를 떠올렸다.

"인류 역사상 배꼽이 없는 사람이 있는데, 알고 있나요? 힌트를 주자면 그들은 부부였습니다."

박 과장은 흥미로워하면서도 잘 모르겠다는 표정을 지었다. 나는 "답을 가르쳐 줄까요?" 하고는 성경책을 꺼내 창세기 1장을 펼쳤다. 그리고 아담과 하와는 사람의 몸에서 태어난 것이 아니라 하나님이 직접 창조하신 인간이었기 때문에 탯줄이 필요 없어 배꼽이 없다고 설명했다. 그는 신기한 표정을 지으며 내가 하는 이야기를 집중해서 들어 주었다.

나는 이어서 인간에게 어떻게 죄가 들어왔고, 그 죄의 영향이 얼마나 무서운지를, 그중에서도 가장 큰 죄가 창조주이신 하나님을 믿지 않는 것임을 설명했다. 문제는 이 죄를 무엇으로도 해결할 수 없어 하나님이신 예수 그리스도가 십자가에 달리신 사랑의 이야기를 전했다. 예수만이 우리의 유일한 구원자가 되시는 이유를 설명했다.

그렇게 박 과장과 복음적 관계를 갖고 교제를 이어가던 중 그도 역시 내게 다른 사람들이 가졌던 의문을 갖고 물었다.

"전부터 여쭤보고 싶었는데요. 법무사님처럼 잘나가시는 어른이 대체 뭣 때문에 저 같은 사람에게 이렇게 잘해 주시는지 모르겠어요."

나는 이 때가 주님을 자랑할 임계점이라는 것을 알고 있었다. 그래서 그에게 내 인생에 불어 왔던 봄날의 이야기를 소상히 간증했다. 그리고 한번 주어진 인생에서 반드시 예수님을 만나야 하는 이유를 친절하게 설명하며, "예수님을 만나지 않으면 누구도 진정한 인생의 봄날을 맞이할 수 없습니다" 하고 이야기를 마무리했다.

다음번 만남에서 그는 내게 어떻게 해야 예수님을 만날 수 있는지 물었다. 나는 그에게 4영리로 복음을 제시했다. 그 과정에서 그는 입으로 시인하는 고백을 했다. 그리고 교회에 출석하면서 믿음 생활을 지속하게 되었다.

얼마 지나지 않아 우리 부부는 박 과장을 집으로 초대했다. 그리고 행복한 가정을 이루고 살아가는 것이 얼마나 큰 기쁨인지 이야기해 주었다. 믿음의 배우자를 만나는 것이 복중에 참 복임을 증언했다. 그는 우리 가정의 모습을 보고 우리가 소개하는 여자 청년을 만나 보겠다고 했다. 두 사람은 곧 교제 소식을 전해 왔고, 얼마 뒤엔 우리 부부를 찾아와 주례를 요청했다. 그들이 결혼식을 올리는 감격스런 날에 나는 주례를 하게 되었다.

돌아보면 박 과장을 복음으로 자연스럽게 인도한 오병이어는 책도 한 몫을 했다고 본다. 만날 때마다 선물한 책은 대화의 소재가 되었다. 나는 그 이후 설교집 외에도 다양한 책들을 일주일에 한 권씩 읽고 그중에서 선별하여 대상자들에게 선물하고 있다.

나는 박 과장과의 만남을 통해 '청년들이 왜 결혼을 주저할까?' 다시 한 번 생각해 보았다. 앞서 살아가고 있는 우리가 그들에게 좋은 본보기를 보이지 못한 책임이 크다고 생각한다. 서로 이익을 주장하며 다투다가 이혼으로 이어지는 부부가 얼마나 많은가? 주님이 가르쳐 주신 사랑은 허다한 허물을 덮는 것인데, 우리는 조건과 이익을 따져 가며 배우자를 만나라고 가르치지 않았는가? 지금의 'n포 세대'는 앞선 세대의 욕심과 그릇된 가치관이 낳은 결과라고 생각한다. 누가 그들을 비난할 수 있을까?

이제는 서로를 보듬고 사랑하는 것이 희생이나 귀찮은 일이 아니라 인간이 누릴 수 있는 최고의 기쁨이요 가치라는 사실을 젊은 세대에게 삶으로 나타내고 보여 줄 필요가 있다. 그것이야말로 하나님이 'n포 세대'를 향해 우리에게 요구하시는 과제다. 주님이 간절히 바라시는 일이다.

'샬롬'이 '살 놈'이 되는 기적

'샬롬'은 히브리어로 평안을 기원한다는 뜻이다. 나는 한동안 '일상에서 수없이 주고받는 인사말에 복음을 담아 전달할 수 없을까?'를 고민하면서 전도의 주체이신 성령님께 질문을 드렸다. 그러다가 말씀을 묵상하게 됐다.

> 또 그 집에 들어가면서 평안하기를 빌라 그 집이 이에 합당하면 너희 빈 평안이 거기 임할 것이요 만일 합당하지 아니하면 그 평안이 너희에게 돌아올 것이니라 마 10:12-13

이때부터 나는 사람을 만나거나 이메일을 주고받을 때마다 '샬롬'이라고 인사하기로 했다. 한번은 시화국가산업단지에서 사업을 하는 박 사장이 전화로 상담을 요청해 왔다. 상담 내용은 사업상 문제라기보다는 인생의 위기에서 도움을 청하는 것이었다. 그는 사채업자에게 쫓기느라 집에도 들어가지 못하고 노숙생활을 전전하고 있다고 했다. 그러면서 혹시나 자신 때문에 가족이 입게 될 피해는 없는지 물었다. 즉 사업 부도로 인한 채무 상담이었다.

그는 이 문제를 놓고 세 차례나 문의를 했다. 나는 그의 전화를 받을 때마다 이렇게 말했다.

"박 사장! 먼저 인사부터 합시다. 샬롬! 샬롬! 샬롬!"

이렇게 세 번이나 '샬롬' 하고 인사한 이유는 다급한 그의 마음에 안정을 주고 싶어서였다. 수화기 너머 들리는 그의 절박한 숨소리는 마치 물에 빠진 사람이 지푸라기를 잡아 보려는 외침 같았다. 나는 새벽마다 주님께 그의 딱한 사정을 반전시킬 수 있는 기회를 구했다.

그런 일이 있은 후 수개월이 지났을 무렵, 박 사장에게서 다시 한 번 전화가 왔다. 그는 다소 격양된 목소리로 내게 이렇게 말했다.

"법무사님! 제가 죽지 않고 살았더니 살 길이 열렸네요!"

나는 너무 놀라 물었다.

"그게 무슨 말인가요?"

"법무사님께 전화로 상담 요청을 할 때마다 사실 저는 죽어야겠다, 이렇게 살아 무엇 하나 하고 생각하곤 했습니다. 그런데 그때마다 제게 '살 놈!'이라고 해 주신 말씀이 귓전에서 떠나지를 않더군요. 그래서 저도 스스로 '나는 죽을 놈이 아니다. 살 놈이다!'라고 말하면서 어떻게든 버티며 살려고 노력했습니다. 그랬더니 제게 기회가 생겼지 뭡니까? 외국계 회사에 채용되어서 곧 출국을 앞두고 있습니다."

처음 내 열심과 열정만으로 복음을 전하겠다고 예수를 들이댈 때가 생각났다. 그때는 전도라는 명분만 있었지 진짜 영혼을 구한다는 것이 무엇인지 몰랐다. 아무도 반응해 주지 않았다. 그런데 성령님께 지도를 받아 그분께 모든 것을 맡기고 나자 죽을 사람이 사는 것을 경험할 수 있었다. 인사법을 바꾼 것만으로 이런 기적을 목격할 수 있었다.

말에 능력이 있는 것은 하나님이 그 속에 권능을 주셨기 때문이다. 일상에서 사용하는 언어 속에 영성을 담아 사용해야 할 이유이기도 하다.

'자살'을 반대로 읽으면 '살자'가 된다. '샬롬'을 '살 놈'으로 듣게 하신 주님께 영광을 돌린다.

이성(異性) 전도의 원칙

거래 은행의 강 차장은 여성이다. 여성을 전도 대상자로 품기엔 주저되는 부분이 있다. 이성이기에 관계와 섬김을 지속한다는 것이 왠지 마음에 걸렸다. 그런데 어느 날 기도 중에 성령님의 감동이 왔다. 나는 강 차장을 품고 기도하기 시작했다. 1주일 기도 후 전략을 가지고 강 차장이 있는 은행을 방문했다.

나는 먼저 황금언어를 사용하여 대화 분위기를 조성했다. 그리고 업무적으로 힘든 일은 없는지 물었다. 그러자 영업을 하는 데 있어 실적 때문에 부담이 크다는 이야기를 나누어 주었다. 특히 카드 회원을 모집하는 것이 힘들다고 했다. 나는 기꺼이 홍보 대사를 자원하여 그 일을 돕겠다고 했다. 그는 내게 고맙다고 인사해 주었다.

그때 나는 강 차장에게 "일요일엔 뭐 하세요?" 하고 질문했다. 특별한 스케줄은 없고 남편과 초등학생 자녀와 보낸다고 했다. 순간 주님이 이 가정을 내게 맡겨 주신 것 같다는 마음의 감동이 왔다. 문제는 이성이었기 때문에 다음 단계로 넘어가기 전에 먼저 성령님께 질문을 드렸다. 성령님은 아내와 이 문제를 먼저 나누게 하는 지혜를 주셨다.

그날 나는 집으로 돌아가 아내에게 강 차장에 대해 이야기했다. 우리가 함께 그녀와 그 가정을 전도 대상자로 삼고, 마음에 품고 섬겨 보면 어떻겠느냐고 제안하자 아내는 내 의견에 동의해 주었다. 그리고 혹시 그녀에게 신규 카드를 신청하면 어떻겠느냐고 물어보았다. 아내는 흔쾌히 허락해 주었다. 며칠 후 나는 아내와 함께 강 차장을 찾아가 신규 카드를 신청했다.

이렇게 연결된 강 차장에게도 자녀를 위한 다섯 가지 기도제목을 제안했다. 그 기도제목은 우리의 만남을 더 풍성하게 하는 연결고리가 되어 주었다. 그밖에도 지인들에게 카드 가입을 홍보해서 강 차장의 필요를 채워 줄 수 있었다.

강 차장과는 한 달에 한 번 정도 만남을 지속했다. 단, 원칙을 세웠다. 공개된 장소인 은행과 내 사무실에서 만나고, 식사 자리에는 반드시 아내나 지점장과 동석한다는 것이다. 이 원칙을 가지고 1년을 섬기던 중 기회만 열리면 내가 만난 예수를 소개했다. 복음의 의미가 무엇인지를 상대의 눈높이에 맞춰 설명했다.

어느 날 그녀는 내게 물었다. 자기 영업점 지점장도 대형교회 장로인데 자기에게 예수에 대해 한 번도 설명해 주지 않았다는 것이다. 그런데 자기 자녀들에게까지 관심을 주면서 왜 이렇게 잘해 주느냐는 것이다. 나는 그때를 놓치지 않고 내가 인생을 어떤 기준으로 살아가고 있는지, 어떤 이유로 날마다 신바람이 나는지를 말씀과 간증을 통해 설명했다.

어느 날 강 차장은 자기 가족들도 내가 믿는 예수님을 믿어 보기로 했다는 소식을 전해 왔다. 그리고 얼마 후 남편과 자녀들의 손을 잡고 교회에 출석했다. 자녀들은 교회학교에서 믿음생활을 시작했다. 다만 강 차장이 살고 있는 곳과 내가 다니는 교회가 조금 멀어서 곧 집 근처 교회로 옮겼다.

요즘은 비즈니스 현장에 여성 경제인이 많기 때문에 여성들과 접촉이 많다. 나는 만약 이성을 대상자로 품게 되면 그 전에 반드시 아내와 정보를 공유한다. 만날 때도 세운 원칙을 반드시 지킨다. 아내가 혹여 거북해하는 대상 같으면 그에겐 다른 전도자를 붙여 달라고 기도하고 기꺼이 접는다.

chapter 11.

전도자의
온 유대

나는 복음의 채무자다

너희는 그 은혜에 의하여 믿음으로 말미암아 구원을 받았으니 이것은 너희에게서 난 것이 아니요 하나님의 선물이라 엡 2:8

내가 그리스도로 말미암아 하나님나라 가족이 된 것은 전적인 은혜의 선물임과 동시에 그 사랑을 받은 나도 '사랑의 빚'(롬13:8)을 지고 있음을 깨닫게 되었다.

'사랑의 빚진 자', '복음의 빚진 자'란 이 말을 어떻게 해석해야 하는가? 과거에는 예수님께만 빚진 자의 마음을 갖는 것으로 생각했다. 전도자로 살아가면서 또 한 사람에게도 복음의 빚을 지고 있음을 알게 되었다.

그렇다면 또 한 사람은 누구인가? 복음의 대상자를 정하고 전략을 세워 그에게 굿 뉴스를 전하고 섬긴다 하여 쌍수를 들고 환영하는 것이 아니지 않는가? 어떤 사람은 면전에서 매몰차게 면박을 주는 사람도 있고 나를 피해 버리는 사람도 있다. 제발 예수 이야기만은 하지 말아 달라고 부탁하는 사람도 있다. 또 어떤 이는 내가 베푸는 섬김만 챙기고 사라진 사람도 있다. 그때마다 허탈과 무력감을 경험하던 중 '이 정도면 성의를 가지고 한 것이 아닌가? 그들에게 언제까지 집중해야 하는가?'라는 질문을 해 보았다.

성령님은 그리 생각하고 있는 나에게 이런 음성을 주셨다.

"너는 그들에게도 빚진 자다."

이 말의 의미가 무엇인가? 나는 현기증을 느꼈다. '그들 때문에 내가 먼저 복음의 선물을 받았구나'라는 깨달음이 왔다. 그렇게 정리가 되자 냉대하고, 속이고, 핑계를 댄 대상자들이 나의 채권자로 보였다. 나는 복음의 채무자라는 사실이 깨달아지자 내 안의 모든 불평과 부담으로 여겼던 것들이 사라지게 되었다.

사도 바울은 복음의 채무는 강요된 것이 아니라 자원하여 스스로 종이 되는 것임을 알려 주었다(고전 9:19). 나는 그때서야 이웃에 대한 나의 태도를 정립했다. 상대방이 어떤 태도를 취하든 기쁨으로 감당할 수 있는 마음의 공간이 생겼다. 그 공간 때문에 어떤 대상자는 10년을 섬기고 있는데도 지루함보다 기대감으로 인내하고 있다.

교회 공동체에서 복음의 빚은 무엇인가?

나는 교구사역을 동역하며 소그룹 셀을 순회하는 과정에서 복음의 시각지대가 있음을 알았다. 내가 생각한 복음의 사각지대란 셀마다 어김없이 존재하는 장기 결석자와 믿음이 연약한 지체다. 어느 순간 그들은 내 관심에서 벗어나 있었다. 그들을 예수의 마음으로 품고 섬기는 것이 공동체 가족에게 복음의 빚을 갚는 것이라는 생각이 들었다.

이런 의미에서 성령님은 복음이 예루살렘을 거쳐 온 유대로 확장되어 갔듯이 나의 전도자 여정을 전 가족 전도 코스를 지나 복음의 사각지대로 진입하게 하셨다. 이 과제를 풀어 간 이야기는《전 가족 전도 스토리》에서 공개했지만, 이 과제는 중요 과제라 생각하여 몇 가지를 보충하고자 한다.

먼저 내가 해야 할 일은 앞에서 공개한 '전도의 톱니바퀴 원리'에 따라 사각지대에 놓여있는 그들의 형편을 살피는 것이다(이 책 113p 참고). 대부분 그들은 이혼, 실직, 부도, 질병, 사고 등으로 지쳐 있는 상황에 처했을 가능성이 많다. 일단 현장을 파악했다면 이에 대한 섬세한 전략을 세워서 섬김을 집중하는 것이다. 이때 그에게 사용하는 영적 무기는 물맷돌 원리다.

그들의 이름을 불러 가며 기도의 자리를 확보하고 그들을 긍휼이 여겨 달라는 내 기도가 반드시 응답될 것을 확신해야 한다. 그리고 그들을 찾아가 황금언어를 사용하고 자녀가 있는 가정은 황금기도를 제시한다. 또한 그가 믿음으로 이겨낼 수 있는 말씀과 필요한 도구(책과 설교 CD)를 선물하고 위로와 소망의 편지를 최소 10회는 보낼 준비를 하고 섬긴다.

내 경험으로는 한 사람이 많은 사람을 감당하기에는 벅찬 일이다. 그렇기 때문에 교구 사역자가 전략을 세워 소그룹리더와 자원자 중심으로 먼저 시작해 보면 동력을 얻게 되리라 확신한다.

성령의 불은 한 영혼을 살리기 위해 사모하고 몸부림치는 성도와 그 가정에 먼저 임하지 않겠는가? 때문에 준비하는 그 영혼과 가정이 먼저 살아나고 그 불꽃이 그를 통해 이웃과 교회 전 공동체를 태우는 광경을 그도 목도하리라 기대한다.

전도자가 누리는 보너스

전도자로서 후반전 인생을 살아가는 나는 지금이 내 인생의 클라이맥스라고 확실히 믿고 있다. 철학자 김형석 교수는 100세를 살아 보니 인생의 황금기는 65세부터라고 했는데, 내가 예수의 증인으로 살아가면서 60대 중반을 넘고 보니 왜 그렇게 말했는지 공감이 간다.

"전도자로 살아가면서 누리는 보너스가 무엇인가요?"

가끔 주변에서 이런 질문을 한다. 그러면 나는 주저하지 않고 대답한다.

첫째는 가정의 회복이다. 가정은 하나님이 처음으로 창조하신 공동체다. 아담과 하와가 선악과를 먹기 전 부부의 삶은 어떤 일상이었을까? 에덴은 기쁨이 충만한 상태가 아니었을까? 기쁨이 충만한 상태에서 나누는 그들의 언어와 일상의 교제는 솔로몬과 술람미여인의 생활이 아니었을까?

나는 아내와 함께 하루를 시작하기 전 찬송과 말씀으로 은혜를 나누고, 항상 서로를 위해 기도해 준 뒤 격려와 응원의 메시지를 건

넨다. 하루를 마치고 나면 반드시 감사를 나누고 예배로 마무리하는데, 우리 부부의 이러한 일상이 곧 에덴의 일상이 아닐까 상상해 본다.

둘째는 충돌의 문제가 말끔히 사라졌다는 것이다. 내 삶의 뒤틀림은 관심과 우선순위가 충돌하면서 발생했다. 전도자로 살아가기로 결단한 뒤부터는 이 충돌을 내 방식으로 해결하지 않았다. 철저하게 예수님의 가르침 대로 하나님나라 관심에 최우선을 두고 삶을 시작하게 되었다. 그러자 주님이 말씀으로 약속하신 '다섯 가지 보장'이 보너스로 따라왔다.

전도자가 누리는 5대 보장

1) 생활 보장

그런즉 너희는 먼저 그의 나라와 그의 의를 구하라 그리하면 이 모든 것을 너희에게 더 하시리라 마 6:33

오늘날 일용할 양식을 걱정 없이 공급받는다는 것은 결코 쉬운 일이 아니다. 경제 전쟁터에서 어찌 그런 일이 가능할까? 나에게도 삶의 영역에서 염려거리가 많지만 걱정이 안 되는 것은 "공중의 새를 보라 심지도 않고 거두지도 않고 창고에 모아들이지도 아니하되 너희 하늘 아버지께서 기르시나니 너희는 이것들보다 귀하지 아니하냐"(마 6:26) 하신 주님의 말씀에 온전히 의탁한 믿음의 결과다.

거래처 확보를 위해 과거엔 로비를 했다. 큰 거래처는 그들 비위를 맞추기 위해 전략을 세우기도 했다. 그러나 예수의 메신저로 살아가기로 한 이후로는 전략이 바뀌었다. 나는 '을' 입장이지만 그들의 영혼에 자긍심과 자존심을 높여 주는 황금언어 덕에 그들 입에서 오히려 나와 만나게 되어 감사하다는 이야기를 듣곤 한다. 집합 사건의 경우 수임료가 억 원대가 넘는 사건을 수임하면서도 술자리를 마련하지 않고 윤리와 법 취지에 어긋나지 않는 방식으로 경영할 수 있었던 것은 삶을 말씀에 맡긴 결과다. 이 맡김은 다음 말씀이 나에게 적용되고 있음을 증명하고 있다.

> 수고하고 무거운 짐 진 자들아 다 내게로 오라 내가 너희를 쉬게 하리라 나는 마음이 온 유하고 겸손하니 나의 멍에를 메고 내게 배우라 그리하면 너희 마음이 쉼을 얻으리니 이는 내 멍에는 쉽고 내 짐은 가벼움이라 하시니라 마 11:28-30

2) 질병 보장

> 이르시되 너희가 너희 하나님 나 여호와의 말을 들어 순종하고 내가 보기에 의를 행하며 내 계명에 귀를 기울이며 내 모든 규례를 지키면 내가 애굽 사람에게 내린 모든 질병 중 하나도 너희에게 내리지 아니하리니 나는 너희를 치료하는 여호와임이라 출 15:26

사람은 누구나 건강한 삶을 원한다. 그래서 건강검진을 상례적으로 받기도 하고 건강 관리에 각자 원칙을 세워 노력한다. 나 역시 물을 자주 마시고 걷거나 스트레칭도 하고 몸에 좋다는 채소류 식자재를 선택해서 섭취하기도 한다.

그러나 건강을 헤치는 세균은 어느 순간에 우리의 건강을 위협할 수 있고 사건 사고는 모든 건강을 한 방에 무력화 시켜 버릴 수 있다. 팔팔하던 50대를 지나 60대를 접어든 시기였음에도 우간다와 스리랑카를 수십 회 왕래 하는 장거리 NGO 사역에서 말라리아와 댕기열에 감염되지 않고 감기약 처방전 한 번 없이 건강한 활동을 할 수 있었던 것은 질병으로부터 보호해 주신다는 하나님의 말씀을 믿었기 때문이라 확신한다.

그 외에 몇 가지를 든다면 그리스도의 종으로서 주인이 명하신 일을 기쁨으로 수용하니 심적인 부담이 없었다. 과거와 달리 일상에서 만나는 사람은 후원자, 현지인, 승무원, 현지 대사관 직원, 대사, 코이카 직원, 해외 한국 기업인이다. 이들과 관계를 맺는 가운데 스트레스가 없을 수 없다. 하지만 이를 능가하는 희락 비타민을 공급받았기 때문에 지치지 않고 감당할 수 있었다(갈 5:22).

그것은 예수를 증거하는 자에게 약속한 주님의 은혜라 여긴다. 그때마다 샘솟는 기쁨이 온 몸의 세포를 춤추게 했다. 이것이 전도자가 일상에서 누리는 특권이요, 건강의 최고 보약임을 알고 있다(잠 17:22).

3) 안전 보장

> 네가 물 가운데로 지날 때에 내가 너와 함께할 것이라 강을 건널 때에 물이 너를 침몰하지 못할 것이며 네가 불 가운데로 지날 때에 타지도 아니할 것이요 불꽃이 너를 사르지도 못하리니 사 43:2

우리에게 생존의 두 축은 건강과 안전이라 할 수 있다. 안전 역시 우리가 지켜야 할 수칙만으로는 매일 지구촌에 일어나고 있는 사건 사고 및 재난을 예방할 수 없다. 그럼에도 내가 주님이 줄로 재어 준 삶의 영역에서(시 16:6) 안전 문제에 대해 확신을 갖는 것은 이사야 43장 2절 말씀에 대한 확신이다.

우리 부부에게 일어난 특별한 사고를 소개하고자 한다. 어느 해 겨울철에 아내와 나는 산속 길을 주행하고 있었다. 야간이라 꽁꽁 얼어붙은 빙판길인 줄 모르고 운전대를 잡은 나는 속도를 내어 달렸다. 그 순간 차는 비탈길에서 중심을 잃고 8미터 낭떠러지 아래로 떨어져 거꾸로 쳐 박혔다. 순식간에 일어난 사고였다. 그 순간 우리 부부는 환상 중에 누군가가 우리 몸을 꽉 붙드는 신비한 체험을 했다. 차는 구렁 속으로 엎어졌는데 일체의 타박상이나 충격을 받지 않고 차의 지붕을 깔고 반듯한 자세로 앉아 있는 것이 아닌가?

과학적으로 설명이 안 되는 사고였다. 불꽃이 다니엘과 세 친구를 사르지 못했다는 말씀이 확정적으로 믿어지는 사건을 경험한 것이다. 그뿐 아니라 해외 현장에서도 안전 문제로 어려움을 겪을 상황과 부딪혔지만 하나님이 보호하셨기 때문에 여기까지 이르렀다고 생각한다.

4) 동행 보장

> 그러므로 너희는 가서 모든 민족을 제자로 삼아 아버지와 아들과 성령의 이름으로 세례를 베풀고 내가 너희에게 분부한 모든 것을 가르쳐 지키게 하라 볼지어다 내가 세상 끝날 까지 너희와 항상 함께 있으리라 하시니라 마 28:20

전도자가 받는 상급 중에서 가장 큰 상급은 무엇일까? 주님은 승천하시기 전 약속하셨다.

"내가 반드시 함께하리라."

주님이 우리와 동행하시면 나머지는 부수적인 것에 지나지 않다고 생각한다.

주님이 동행하신다는 것을 날마다 인지할 수 있는 증상이 있다. 그것은 성령의 열매가 내 안에 맺어지는 것이다(갈 5:22-23). 예수의 영이 내 안에 임하지 않고서 어찌 구령의 열정이 솟아나며 희락을 맛볼 수 있을까? 어찌 다혈질인 내가 절제하고 배려하는 성품으로 변할 수 있겠는가? 이것은 오직 능력으로 임한 성령의 강한 임재가 있었기 때문임을 확신한다.

주님이 항상 동행해 주신다는 것은 '스포트라이트'를 내게 쏘아 항상 살펴 소명적 사명인 복음 전파를 감당하도록 인도, 보호, 간섭하신다는 의미가 아닐까? 동행을 약속한 위 말씀은 승천하시기 전 전도자에게 약속하신 말씀이다. 나는 에녹이 300년을 하나님과 동행한 비밀은 하루하루를 주님과 초점을 맞춘 일상이었음을 깨닫고 날마다 메신저로 살아 내기 위해 몸부림치고 있다.

5) 상급 보장

> 예수께서 이르시되 내가 진실로 너희에게 이르노니 나와 복음을 위하여 집이나 형제나 자매나 어머니나 아버지나 자식이나 전토를 버린 자는 현세에 있어 집과 형제와 자매와 어머니와 자식과 전토를 백배나 받되 박해를 겸하여 받고 내세에 영생을 받지 못할 자가 없느니라 막 10:30

다니엘 12장 3절 말씀에서도 전도자는 영원토록 별과 같이 빛날 것이라고 약속하셨다. 사도 바울도 의의 면류관이 예비되었음을 알려 주었다. 전도자는 현세에서도 날마다 5대 보장(五福)을 받고 내세에서도 의의 면류관을 받게 되니 이보다 더 큰 특권과 영광이 어디 있겠는가? 전도자의 삶을 도전하면서 나 자신의 변화와 가정의 회복, 이웃들이 십자가 사랑을 누리고 있는 것만으로도 나는 이미 상급을 보장받고 있는 것이다. 이 모든 과정을 주관해 주신 하나님께 감사하다.

chapter 12.

전도자의
사마리아

가 보지 않은 길, 그러나 가야만 할 길

오직 성령이 너희에게 임하시면 너희가 권능을 받고 예루살렘과 온 유대
와 사마리아와 땅 끝까지 이르러 내 증인이 되리라 하시니라 행 1:8

지금까지 나는 전도자로서 소명을 받고 사도행전의 위 말씀을 늘 마음으로 품어 왔다. 그리고 일상에서 가까이 대하는 이웃이나 고객을 예루살렘으로, 교회 안의 장기 결석자 및 연약한 지체를 온 유대로 이해하며 사역해 왔다. 그렇다면 사마리아는 누구이며 어디이며 어떤 의미로 받아들여야 할까?

이런 고민을 하던 중, 전도자로서의 3년 여정을 마무리하고 새해를 맞이하면서 나는 오산리에 있는 최자실금식기도원으로 들어갔다. 그리고 다시 성령님께 물었다.

"이번 새해엔 누구를 향해 나아가야 합니까?"

간절한 기도로 여쭈었을 때 성령님은 지역의 영향력 있는 기업인들에게 복음을 전하라는 메시지를 주셨다. 그 응답과 함께 나는 사마리아를 지역을 향한 복음 전파로 해석했다. 즉 그동안 거래처 기업인들과 유력인사들에게 다가가 복음을 전하는 것을 사마리아를 향한 여정으로 보았다.

내가 거주하는 곳은 공단 배후도시이기에, 지역 복음화에 도전해 보라는 차원으로 받아들여졌다. 하지만 내가 그들에게 영향력을

미칠 수 있는 스펙이나 굵직한 연결고리가 없기에 이 문제를 어떻게 풀어 가야 할지 난감했다. 그러나 주저함 없이 즉각 순종하기로 했다. 일단 순종하면 주님이 행하시는 역사를 그동안 줄곧 목도해 왔기 때문이다.

우선 그들과 접촉할 만한 인적 네트워크가 있는지를 살펴보았다. 그동안 내 사무실을 찾아와 미팅을 가졌던 고객을 비롯하여 각종 모임과 단체 행사에서 만났던 관계망을 총동원했다. 이것을 어떻게 활용해야 할지 그 전략을 주님께 구했다. 기도를 통해 주님이 주신 전략과 아이디어를 기록하고 내가 행할 일을 정리한 뒤 기도원을 내려왔다.

집으로 돌아온 나는 새로운 산지를 향해 가라는 과제를 부여받은 것에 대해 아내와 나누었다. 아내의 반응은 분명했다.

"당신은 하나님의 종이에요. 하나님께서 확실하게 이루어 가실 거예요. 순종한 당신, 아주 멋져요. 우리에겐 하나님이 입혀 준 갑옷이 있잖아요."

면도날처럼 선명한 아내의 반응은 나에게 더없는 용기를 주었다. 비록 가 보지 않은 길이었지만 그 용기가 있었기에 흔들림 없이 뚜벅 걸음으로 나아갈 수 있었다.

먼저 담임목사님을 찾아가 기업인들을 대상으로 복음잔치를 해야 할 이유에 대해 설명했다. 그리고 그 구체적인 사안을 다음과 같이 정리했다.

행사 명 : 가족사랑 초청 잔치

대상 : 기업체 CEO 및 임원, 전문인

장소 : 동산교회 큰숲 홀

일시 : 12월 17일(토) 오후 4시

초청 인원 : 600여 명

게스트 : 박지혜(바이올리니스트)

강사 : 김인중(동산교회 담임목사)

행사 진행 요원 : 교구별 자원봉사자 70인 모집

섬김 기간 : 2월-11월(10개월)

행사 비용 : 정재준, 이영애 부부 전액 부담(식사, 무대 설치, 게스트 초청 등)

그날 이후 우리 부부는 매일 물맷돌의 원리대로 성령님께 질문하고 받은 응답을 기록하며 실행해 나갔다.

먼저 그들의 형편을 파악하라

성령님은 먼저 우리가 초청할 사람들의 삶의 현장을 살피라는 마음을 주셨다. 그때부터 기업 환경에 대해 더 깊이 살펴보았다. 기업인들은 비즈니스 세계에서 이윤 창출과 고용 창출이라는 목표를 가지고 기업 경영에 전념하는 사람들이다. 이들의 관심은 돈이다.

매출의 증대를 위한 판로 개척, 기술개발, 노사관리에 심혈을 기울이는 사람들이다. 그들의 얼굴엔 웃음보다 긴장이 일상이다. 제조업 환경은 원가 1원을 절감하기 위해 치열하게 분투하는 현장이다. 최저의 업무 비용으로 최고의 성과를 추구하는 사람들이다.

그들은 경쟁 시스템에 갇혀 살아가고 있다. 경쟁의 무대 위에서 서로 견제하며 살아가기에 불안과 초조가 일상이 되어 있다. 이런 환경에 익숙해진 그들에게 어떤 식으로 복음을 전할 것인가? 이 사안을 놓고 계속 성령님께 지혜를 구했다.

그러다가 구름 사이로 고개를 내미는 한 줄기 빛을 발견했다. 그들은 누군가가 자기를 이해해 주고 받아 주고 격려해 주기를 원한다는 사실을 감지했다. 자기 이야기를 들어 줄 사람을 만나면 시간 가는 줄 모르고 토로하는 심정을 갖고 있음을 알았다.

나와 연결된 각종 모임의 회원을 파악하고 찾아갈 기업체 명단 300업체를 작성한 후 그들을 방문할 전략을 세워 나갔다. 그리고 희망기도를 통해 작성된 기업체 대표 가정으로 담임목사님의 이재순 사모님의 저서인 《이 기쁨 주시려고》(큰숲, 2011)와 기업인 가족을 초청하는 이유를 기록한 편지를 그해 2월에 보냈다.

복음의 접촉점을 준비했다

그들을 방문하고 대화를 나누기에 앞서 삶의 본질을 터치할 만한 질문을 뽑아 보기로 했다. 먼저 성령님께 기도하며 21개를 마련했다. 지난날 시도했던 '들이대기' 식의 접촉점은 철저히 외면당했기에 거부당하지 않을 접촉점을 찾기 위해 노력했다. 특히 추상적이지 않은, 구체적인 소재를 찾았다. 눈에 보이는 것을 사용하신 예수님의 비유법에서 힌트를 얻었다.

서로 공감할 수 있는 복음의 접촉점

① 교회마다 첨탑에 무엇이 걸려 있는지 아시나요?

② 십자가는 무엇을 알려 주는 표지판일까요?

③ 우리가 왜 토지의 소산물을 먹지 않으면 안 될까요?

④ 사람이 죽으면 왜 '돌아가셨다'고 할까요?

⑤ 바람과 공기, 소리는 보이지 않는데, 무엇으로 그 존재를 인정하지요?

⑥ 내 방에 어둠을 몰아내기 위해 무엇이 필요할까요?

⑦ 세상엔 어망, 새망, 법망이 있는데, 조물주에겐 어떤 망이 있을 것 같나요?

⑧ 인생은 방향과 속도 중 어떤 것이 먼저일까요?

⑨ 입은 옷에 첫 단추가 잘못 꿰어 있으면 어떻게 해야 할까요?

⑩ 인생에서 가장 복된 만남은 어떤 만남일까요?

⑪ 방안에 불을 밝히려면 어떻게 해야 하나요?

⑫ 세상에 존재하는 물건 중에 목적 없이 만들어지거나 생겨난 게 있을까요?

⑬ 예수라는 이름의 뜻을 알고 있나요?

⑭ 우리가 예수를 믿지 않으면 안 되는 이유를 들어 보셨나요?

⑮ 로댕의 작품 '생각하는 사람'은 무엇을 바라보고 있는지 아시나요?

⑯ 우리는 태어나면서부터 탐욕과 죄를 멀리하라고 교육받았음에도, 왜 하나같이 욕심에서 자유로울 수 없는 걸까요?

⑰ 당신은 인생 내비게이션을 갖고 계신가요?

⑱ 당신은 왜 예수쟁이들이 예수를 자랑하고 다니는지 생각해 보셨나요?

⑲ 누군가가 설계도 없이 건축물을 짓는다면 뭐라고 하겠습니까?

⑳ 당신에게 영향력을 끼친 인물은 누구인가요?

㉑ 대형 선박의 설계 원리 기준은 어디에서 벤치마킹한 것으로 알고 계시나요?

이렇게 복음의 접촉점 질문을 준비한 나는 3월부터 각 기업체와 각종 모임(등산, 골프, 세미나 등)을 방문하기 시작했다.

'바로 왕' 최 회장의 마음을 연 황금언어

최 회장은 철 구조물을 제조하는 회사 대표로, 거래처 회사의 소개로 알게 되었다. 성품도 강직할 뿐만 아니라 뭐든 자기가 주도해 나가야 직성이 풀리는 전형적인 자기주도형 성격을 지녔다. 우월감이 강하고 누구에게나 직선적으로 말하는 스타일이라 직원들조차 접근하기 어려워하는 사람이었다.

나는 그를 주님께로 인도해야겠다는 생각을 가지고 그 영혼을 손에 받쳐 들고 새벽마다 기도하기 시작했다. 일주일을 집중기도하던 중 오늘 접촉해 보라는 감동을 주셨다. 즉시 전화를 하고 방문했다. 그날 최 회장은 몹시도 기분이 좋아 보였다. 그래서 나도 최대한 경쾌하게 그에게 다가갔다.

"회장님! 좋은 일이 있으신가 봅니다!"

그는 빙그레 미소를 지으며 추진했던 일들이 잘되고 있다면서 매우 만족한 표정을 지어 보였다. 그때를 놓치지 않고 나는 어떻게 이 사업을 시작하게 되었는지, 경영의 비결은 무엇인지, 위기관리는 어떻게 해 왔는지를 질문했다. 그날 대화는 두 시간이 넘게 진행되었다. 내가 한 일은 짬짬이 추임새를 넣으며 듣는 것이었고, 그중 중요한 정보를 기록하는 것이 다였다. 그는 성취 욕구와 인정 욕구가 강했다. 황금언어 사용이 빛을 발한 날이기도 하다. 덕분에 점심을 같이할 수 있게 되었다.

좋은 관계가 이어진 것을 계기로 다음 만남을 약속했다. 약속을 앞두고 나는 선포기도와 감사기도로 만남을 준비했다. 그리고 식사 자리에서 우리는 다시 만났다. 나는 황금언어를 사용하면서 대화를 부드럽게 이끌었다. 그리고 마침내 우리가 왜 수고하고 땀 흘려 먹고 살아가야 하는지를 질문했다. 침묵하는 그에게 창세기를 통해 죄의 근원과 왜 교회마다 십자가를 자랑하고 있는지 그 이유를 설명했다. 예수님을 만나면 어떤 변화가 일어나고 평안이 임하는지를 말씀과 나의 간증을 통해 이야기했다.

놀랍게도 최 회장은 내 이야기를 아주 진중하게 들어 주었다. 그 강한 사람이 눈을 지그시 감고 나의 말을 경청하는 것이 아닌가? 최 회장은 복음잔치의 초대를 수락했다. 잔치에 참여한 그는 교회가 어떤 일을 하는지를 알게 되었다고 소감을 말해 주었다. 그리고 교회에 출석하면서 내가 섬겼던 글로벌 NGO 후원 기업이 되어 주었다. 그뿐만 아니라 그는 우리 부부를 '엔젤 커플'이라 칭찬하면서 해외의 유명 리조트에서 10여 일간 쉼을 갖게 해 주기도 했다.

"무엇이 그리 즐거우세요?"

항상 용모가 단정한 기업인 장 대표와의 만남 역시 특별했다. 그와 알게 된 계기는 어느 모임을 통해서다. 하루는 그를 떠올리며 기도를 하는데 감동이 밀려왔다. 그에게 전화를 했더니 반가워하며 기꺼이 자기 회사로 나를 초대해 주었다. 그렇게 장 대표와 단독 미팅을 가졌고, 이후 그와 만날 때는 나만의 무기인 황금언어를 적절하게 사용하여 윤택한 대화를 이어 갔다. 말 한마디로 점심도 대접받고 사건도 수임하게 되었으니 이거야말로 일거양득이었다!

대화 중에 그가 내게 물었다.

"법무사님은 무엇이 그리 즐거우세요?"

그 질문이 또 내 몸속의 세포들을 춤추게 했다.

'오예! 할렐루야!' 마침내 복음을 전할 절호의 찬스가 온 것이다. 그에게 내가 만난 하나님을 소개하자, 그는 진지하게 귀를 기울였다. 그런 장 대표에게 나는 우리 인생의 문제들을 맡아 주시는 하나님의 말씀 한 대목을 소개한 다음 인생을 역동성 있게 살아가는 비결을 들려주었다.

> 아무 것도 염려하지 말고 다만 모든 일에 기도와 간구로, 너희 구할 것을 감사함으로 하나님께 아뢰라 그리하면 모든 지각에 뛰어난 하나님의 평강이 그리스도 예수 안에서 너희 마음과 생각을 지키시리라 빌 4:6-7

그런데 나는 그다음 대목에서 정말 깜짝 놀랐다. 내 간증과 설명을 들은 장 대표가 대뜸 "나도 그분을 믿어 보겠습니다" 하는 것이 아닌가? 이렇게 쉽게 하나님을 영접하겠다고 하는 일이 나조차도

뜻밖이고 궁금해서 도리어 내가 물었다.

"아니, 어떻게 그런 결단을 이렇게 빨리 내릴 수 있었습니까?"

"사실 저는 모태신앙인입니다. 오늘 법무사님의 말씀을 듣고 보니 하나님께서 저를 부르시는 것 같아요."

그는 내가 안내하는 교회에 출석하기로 약속했고, 곧바로 아내와 함께 성도로 등록해 신앙생활을 하게 되었다. 장 대표는 내가 마련한 복음초청 잔치에도 부부 동반으로 참석해 주었을 뿐 아니라 내가 섬기던 글로벌 NGO의 후원 기업이 되어 주었다.

"정말 장가 잘 가셨네요!"

신 대표는 중동 지역에서 참치잡이 도구를 제작 판매하는 회사의 경영자다. 그는 자기 회사에 교회 다니는 사람이 다수 있고 임원 중에는 장로가 있다는 것을 자랑하면서도, 정작 자신은 예수를 영접할 생각이 없다고 말하는 기업인이었다. 그와 나는 한국산업기술대학 AMP 과정에서 만났다.

어느 날 기도 중에 그에게 복음을 전해야겠다는 생각이 들었다. 그리고 우연한 계기로 부부가 함께 식사를 하게 되었다. 나는 성령님께 이번 만남이 신 대표와 복음적 관계를 맺기 위한 결정적 계기가 되게 해 달라고 집중기도했다.

식사 자리에서 처음 만난 신 대표의 부인은 내가 보낸 가족사랑 초청 편지를 받았다며 반갑게 인사해 주었다. 식사를 시작하고 분위기가 무르익어 가자 자녀를 소재로 대화를 풀어 갔다. 자녀의 꿈이 무엇인지, 자녀 교육에 어떤 가치관을 심어 주기를 바라는지에 대해 물었다. 자칫 딱딱한 분위기로 흐를 수도 있는 질문이었지만 오히려 부인이 더 적극적으로 대화에 참여해 주었다.

"식사 자리에 가면 통상 살아가는 주변 이야기를 하는데, 법무사님의 대화 소재는 매우 신선하고 매력이 있네요!"

부인은 얼굴 가득 감탄의 빛을 감추지 못한 채 두 아들 이야기를 흥미진진하게 펼쳐 나갔다. 우리 부부는 부인의 얘길 잘 듣고 추임새를 넣어 가며 자녀 이야기로 시종 담소를 나눴다.

그다음 나는 황금언어로 신 대표에게 사업을 잘하는 비결과 인생을 멋지게 살아가고 있는 비결이 무엇인지를 물었다. 그는 자신의 경영 철학을 가지고 이야기를 이어 나갔다. 그때 나는 그의 설명을 긍정하면서 남편들이 대체로 인정하지 않으려 하는 말을 꺼냈다.

"신 대표가 이렇게 인생을 멋지게 펼쳐 가는 비결이 실은 장가를 잘 들었기 때문이었군요. 오늘 부인을 만나 뵈니 확실히 알겠습니다."

그러자 부인의 얼굴에 화색이 돌았다. 이 황금언어는 그 가정과 복음적 관계를 이어 가는 결정적 계기가 되었다. 황금언어를 시의적절하게 잘 사용하니 대화의 문이 열리고 나아가 복음의 문이 열리는 것을 경험하게 되었다.

너희 말을 항상 은혜 가운데서 소금으로 맛을 냄과 같이 하라 그리하면
각 사람에게 마땅히 대답할 것을 알리라 골 4:6

비록 신 대표는 부인의 적극적인 성화에 못 이겨 어쩔 수 없이 교
회에 출석하게 되었지만, 그래도 싫지는 않아 보였다. 이들 부부는 복
음 초청 잔치에도 참석하고, NGO 사역에도 후원자가 되어 주었다.

한 권의 책이 동기를 유발하다

엔지니어 출신 한 대표를 처음 만난 것은 업무 상담을 하면서였
다. 꼼꼼한 성격의 한 대표는 창업을 통해 기업을 시작하기로 하고,
창업 절차에 대해 법무 상담을 요청해 왔다. 상담을 마치고 나서 나
는 그에게 "일요일엔 뭐 하세요?"라는 진단질문을 던졌다. 그는 회
사 일에 몰두하느라 가족들과 쉼을 누리지 못한다고 했다. 나는 곧
바로 그와 그의 가족을 집중기도 대상자로 올리고 기도했다.

어느 날 한 대표가 재차 상담을 요청해 왔다. 나는 이번 만남에
서는 어떻게 복음을 나눌 것인지를 놓고 성령님께 질문했다. 자기
계발을 위해 책을 많이 읽는다는 정보를 알고 있었기에, 그에게 선
물할 책을 선정하였다. 《청소부 밥》이라는 책이다. 책에는 고급 차
를 타며 사업을 경영하는 어느 유능한 사장이 등장한다. 그러나 그

는 매일 사업에 쫓겨 살아갔기 때문에 내적 평안이 없었다. 설상가상 가정에서는 이혼 위기에 처해 그야말로 정신적 붕괴 상태였다. 그런 그에게 의미 있는 삶을 살도록 안내한 사람은 빌딩 청소를 위해 파견 나온 청소부 밥이었다. 밥의 얼굴엔 항상 행복한 미소가 가득했고, 주어진 일을 즐기며 해내는 성실한 사람이었다. 사장은 밥을 만나 행복의 길로 인도를 받는다.

나는 이 책을 읽으며 현대 사회에서 속도전을 치르면서 경쟁에 지쳐 있는 기업인, 전리품을 많이 챙겨 주면 가정에서 환영받을 것으로 착각한 채 살아가는 이 땅의 중년 가장을 떠올리곤 했다. 그래서 그런 기업인들에게 종종 이 책을 선물했다.

한 대표와 만나기로 한 날에도 나는 이 책을 챙겨서 나갔다. 그와 대화를 나누던 중 나는 그에게 인생의 결정적 영향을 준 사람이 누구인지 물었다. 그는 아버지를 통해 받은 삶의 이야기를 들려주었다. 훌륭한 부모의 양육을 받았기에 그는 이웃을 위해 뭔가 의미 있는 봉사생활을 하겠다는 꿈을 갖고 사업을 시작했다는 것이다. 나는 그에게 가정의 평안과 쉼이 우리에게 필요한 이유를 내 삶의 간증을 곁들여 들려주고 준비한 책을 선물했다.

그로부터 3주가 지났을 무렵 그에게서 전화가 왔다. 인생 상담을 하고 싶다는 내용이었다. 그 가정을 위해 집중적으로 선포기도와 긍휼기도를 하며 약속일에 만났다. 한 대표는 그 자리에서 뜻밖의 이야기를 꺼냈다. 그날 나와 만나고 난 뒤부터 잠자리에 들면 이

상하게도 초등학교 때 교회 주일학교에서 따라 불렀던 요한복음 3장 16절 요절송이 귓전에 들린다는 것이다.

"예수님께서 저를 부르시는 것 같아요."

감격에 겨워 나는 속으로 중얼거렸다.

'하나님, 멋쟁이! 감사합니다.'

나는 한 대표에게 예수를 믿고 그분을 주인으로 모시고 살아간다는 것이 무슨 의미인지를 간증과 함께 설명해 주었다. 그때 한 대표는 의심의 안개가 걷히는 감동을 받았다고 고백했다.

"저도 믿음생활 잘해서 법무사님이 만난 예수님을 꼭 만나 평안한 삶을 누리고 싶습니다. 저를 위해 기도해 주세요."

전도의 주체이신 성령님이 일하시는 방법을 누가 상상할 수 있겠는가. 단지 나는 그분의 메신저로 그의 십자가 사랑에 대해 나의 간증과 말씀을 가지고 증언했을 뿐이다.

한 대표는 사업 출발의 어려움을 잘 극복하고 특수제품 개발에 심혈을 기울이고 있다. 그와 함께 그의 기업 또한 글로벌 기업으로 성장하기를 기대하고 기도하고 있다.

"속도 경쟁 후에 무엇이 남았습니까?"

기업인들 사이에는 각종 동호인 모임이 있다. 그중 골프 모임은 다른 모임에 비해 유독 더 활성화되어 있는 편이다. 그 이유는 무엇일까? 개인적인 생각이지만, 골프는 나이가 들어도 크게 힘들이지 않고 할 수 있는 스포츠인 데다 흥도 있고 도전에 의욕을 더해 주는 매력이 있어서인 것 같다. 또한 골프 게임 안에는 인생살이에서 겪는 희로애락이 모두 담겨 있다. 어제까지는 실수했다 할지라도 오늘은 잘될 것 같은 기대감과 설렘을 매번 주기에, 사람들은 돈과 시간을 투자해서 골프를 즐기는 것 같다.

골프는 운동과 게임을 동시에 즐길 수 있다. 승부욕을 내세우며 내기 골프를 하는 것이다. 비거리로 경쟁하는 드라이버 샷을 멀리 날리고 싶은 것이 골퍼들의 희망이다. 그런데 인생이 뜻대로만 되진 않듯이, 공은 반드시 골퍼가 원하는 곳으로만 날아가지 않는다. 한 번의 실수로 공이 경계선 밖으로 넘어가면 품었던 희망이 절망으로 바뀌고 만다.

골프 광 서 대표는 피혁업체를 경영하는 사장이다. 그는 뇌졸중을 경험한 이후 사업을 전문 경영인에게 맡기고, 본인은 필드에서 시간을 더 많이 보내고 있다. 언제부턴가 나는 그의 건강과 영혼 구원을 위해 기도했다. 우리는 한 달에 1회씩 필드에서 만났다.

어느 날 그와 한 조가 되어 운동을 하게 되었다. 나는 그에게 운동을 하게 된 계기, 운동을 통해 얻는 유익이 무엇인지를 질문하고 추임새를 넣으며 그의 강점을 칭찬해 주었다. 대화의 주제는 건강이었다. 건강을 위한 식습관과 생활습관 등에 대해 나누면서, 우리

는 건강을 해치는 최고의 적은 스트레스와 과로라는 데 피차 동의
했다. 이어서 스트레스를 극복하는 비결이 있는지 그에게 물어보았
다. 그러자 그는 술 이야기를 꺼냈다. 그러면서 몸에 여러 좋지 않
은 징후가 나타났는데도 이를 무시하고 사업에만 몰두하다가 뇌경
색으로 3년을 고생했던 경험을 털어놓았다. 그 후부터 스트레스를
받더라도 부정적으로 생각하지 않고 초연한 상태로 지낸다고 했다.

그도 내게 스트레스를 어떻게 푸는지 물었다. 나는 어떤 상황이
찾아오든 그 일이 주는 메시지가 있을 것이라고 생각하고 무조건
감사하게 받아들인다고 했다. 그러면 금세 마음의 평안이 찾아온다
고 설명했다. 그러자 서 대표는 보다 구체적으로 말해 달라고 했다.
나는 복음을 전할 좋은 기회라고 생각하고 성령님의 도움을 구하며
말했다.

"저는 눈에 보이진 않으나 살아계신 하나님을 믿기 때문에 모든
일에 있어 긍정의 관점으로 받아들이지요."

우리 사이에 잠시 침묵이 흘렀다. 나는 성령님께 기도하고 그에
게 질문했다.

"서 대표님! 교회 지붕마다 무엇이 걸려 있는지 아십니까?"

"그야 십자가가 걸려 있지요."

"잘 아시는군요. 사실 십자가는 과거에 흉악범을 처형하던 도구
였습니다. 그런데 교회는 왜 그런 저주의 상징을 달아 놓았을까요?"

재차 던지는 내 질문에 그는 선뜻 대답하지 못했다. 나는 십자가

의미를 설명하면서 죄의 유전성을 설명했다. 우리 죗값을 속량하기 위해 십자가를 짊어진 예수님의 사랑(요 3:16)을 담고 있는 말씀을 읽어 주며 설명과 함께 나의 간증을 이어 갔다. 예수님을 만나 세상이 줄 수 없는 평안과 만족을 가지고 살아가기 때문에, 스트레스도 선물로 여기는 감사 생활을 할 수 있다고 증언했다. 아직까지 약 봉지 없이 살아가고 있는 지금의 내 삶이 증거가 아니겠느냐고 덧붙였다.

그날 우리는 네 시간 정도 필드를 함께 걸으며 진지하게 대화를 이어 갔다. 그럴 수 있었던 것은 내 골프 실력이 맘만 먹으면 그가 공을 보낸 방향으로 보낼 수 있는 정도였기에 가능했다. 마지막으로 '인생은 속도인가? 방향인가?'에 대한 서로의 생각을 나눴다. 순한 양처럼 내 말을 경청하는 그에게 나는 마음으로 준비한 이야기를 들려주었다.

"서 대표께서도 어쩌면 속도 경쟁을 하다가 아픈 게 아니었을까요? 처음 뇌경색이 왔을 때 무얼 느끼셨나요? 우리 인생이 대단한 것 같아도 실핏줄 하나가 막히거나 터지면 생명이 오고가는 지극히 연약한 존재들 아닌가요? 우리 만남은 우연이 아닙니다. 그분께서는 저를 통해 서 대표를 초청하고 계십니다. 골프 운동도 18홀을 마치면 각자 성적표를 제출합니다. 우리 인생도 마치는 지점에서 결산합니다. 골프 샷도 방향이 잘못되면 망치듯이, 인생도 방향이 중요하지 않을까요? 이제라도 인생의 방향을 예수께로 돌리시면 영원한 세계로 향하게 될 것입니다."

그런 뒤 나는 골프백에 늘 넣고 다니는 말씀 카드를 꺼내 요한복음 한 구절을 읽어 주었다.

> 내가 진실로 진실로 너희에게 이르노니 내 말을 듣고 또 나 보내신 이를
> 믿는 자는 영생을 얻었고 심판에 이르지 아니하나니 사망에서 생명으로
> 옮겼느니라 요 5:24

이날 서 대표는 누군가가 자기의 생각을 터치해 주기를 갈망하고 있었던 사람 같았다. 그의 주변엔 기독교인이 제법 있는데도 누구 하나 자기에게 십자가와 예수에 대해 설명해 준 사람이 없었다고 하면서 내게 고맙다고 했다. 마치 병아리가 알에서 나오는 과정에 어미 닭이 함께 쪼아 주듯이(啐啄同時, 줄탁동시) 나의 증언은 그의 생각을 주님께로 향하게 한 오병이어였다. 그는 내가 초청하는 복음잔치에 기꺼이 참석을 승낙했고, 임원들과 함께 맨 앞줄에 앉아서 말씀을 경청해 주었다.

"인생의 첫 단추를 잘못 꿰면
어떤 일이 생길까요?"

기업인 송 회장은 한 모임에서 나를 이렇게 소개했다.

"이 분은 걸어 다니는 교회입니다."

송 회장과는 한국산업기술대학의 AMP 과정에서 만났다. 그분은 대기업에 특수 용품을 납품하는 회사를 운영했다. 회사는 매출과 영업이익을 매년 초과달성하고 있다. 이 회사를 방문하다 보면 근로자들의 모습에서 역동성이 엿보인다. 송 회장의 강점은 친화력과 섬세함이 남다르다는 점이다. 공장 현장을 매일 순회하며 식사도 근로자들과 같이한다. 마음이 따뜻한 기업인으로 알려져 있다. 사회공헌도 진정성 있게 하고 있다. 그를 위해 기도하던 중 복음을 전하라는 강한 감동을 받았다.

나는 먼저 과거 조급한 마음으로 복음제시를 했다가 거절당한 경험들을 되풀이하지 않기 위해 섬세한 전략을 세우기로 했다. 적절한 질문을 통해 대화의 폭을 넓혀 갔다. 그와의 대화는 고향 이야기에서부터 어려움을 극복한 성공담, 사업을 잘 풀어 가는 비결, 취미, 건강 관리 등 삶의 전반에 걸쳐 이루어졌다.

대화는 관계를 여는 첫 단계이기에 항상 '나는 당신을 존중합니다' 하는 마음의 자세로 임했다. 상대방을 귀하게 여기는 존중의 태도는 예수님의 마음이다.

송 회장을 위해 기도할 때는 비록 그가 사회적으로 명망이 있다 하더라도 영적으로는 어둠의 권세에 눌려 있다는 사실을 전제로 했다. 그래서 말씀에 근거한 선포기도와 섬김을 병행했다.

> 그중에 이 세상의 신이 믿지 아니하는 자들의 마음을 혼미하게 하여 그리스도의 영광의 복음의 광채가 비치지 못하게 함이니 그리스도는 하나님의 형상이니라 고후 4:4

사탄의 권세를 그 영혼 속에서 쫓아내기 위해 주님이 주신 권세(눅 10:19)를 사용하여 그를 지배하고 있는 미혹한 영에게 떠날 것을 명령했다.

더불어서 새벽마다 그 영혼을 위한 기도로 섬김을 시작했다. 그를 만나면 황금언어를 사용한 섬김을 지속했다. 손편지와 함께 유익한 책을 선물하기도 했다.

> 존귀하신 송 회장님! 평안을 기원합니다.
> 일전에 특별한 점심을 사 주셨는데 감사합니다.
> 저는 故이병철 회장께서 임종을 앞두고 질문한
> 인생 문제를 풀어놓은 책을 최근에 읽었습니다.
> 고인은 기업인으로서 돈은 모았는데,
> 인생의 마지막 순간까지도 풀지 못한 질문들이 있었습니다.
> 그 질문들은 우리가 함께 고민할 문제라 생각합니다.
> 과연 그는 죽음을 어떻게 맞이하였을까요?
> 저는 회장님께서 기업의 성공을 넘어
> 인생을 성공한 기업인이 되시기를 소망하기에,

이 책과 함께 제 마음을 담아 보냅니다.

<새벽마다 기도하는 정재준 장로 올림>

그해 여름 송 회장의 회사를 방문했다. 그런데 나는 고의로 셔츠의 첫 단추를 잘못 꿰고 들어갔다. 인사를 하는 나를 보고 송 회장은 첫 단추가 잘못 꿰어 있는 것을 발견하고 지적해 주었다. 나는 고맙다는 인사와 함께 질문을 던졌다.

"회장님! 인생의 첫 단추를 잘못 꿰면 어떤 현상이 나타날까요?"

그러자 그분은 눈을 지그시 감더니, 한참 만에 말문을 열었다.

"장로님께서 그동안 들려주신 예수를 저도 믿어 보겠습니다."

그의 고백에 나는 정말 깜짝 놀랐다. 길이요 진리요 생명이신 예수 그리스도! 그분을 만나는 것만이 인생의 진정한 첫 출발임을 요한복음 말씀을 근거로 설명한 뒤 또 한 번 나의 증언을 들려주었다.

> 예수께서 이르시되 내가 곧 길이요 진리요 생명이니 나로 말미암지 않고는 아버지께로 올 자가 없느니라 요 14:6

얼마 뒤 송 회장은 나를 보더니 자기 안에 숨겨 둔 이야기를 들려 주었다. 자기 주위에 교회 다니는 사람이 많은데, 왜 예수를 믿어야 하는지를 이해하기 쉽게 설명해 주는 사람이 없었다는 것이다. 나 역시 한때 '꿀 먹은 벙어리' 성도로 살아온 적이 있었다. 지난날을 돌아보며 주님께 회개기도와 함께 감사를 드렸다.

그가 모임에서 나를 '걸어 다니는 교회'라고 소개한 데에는 이러한 사연이 있었기 때문이었고, 나는 다만 주님께 감사로 영광을 돌렸다. 이런 날이면 내 온몸의 세포가 춤을 추는 감동을 맛본다. 이 감동은 전도자의 삶을 황홀한 기쁨으로 물들게 한다.

송 회장은 초청 잔치가 있던 날 맨 앞좌석에 앉았고, 부부가 나란히 참석하여 복음의 진수를 경험했다고 자랑했다. 매주 출석은 못하지만 믿음의 출발선에서 걸음을 떼고 부단한 노력을 하는 중이다. 내가 섬긴 NGO단체가 해외 어려운 청년들을 위한 학교 건립을 하는데, 넉넉한 후원을 해 주었다.

그분의 내비게이션을 따라 사는 삶

내가 속해 있는 등산 동호인 모임에서는 2개월에 한 번씩 등산을 간다. 산행은 두 명이 대화하며 걷기에 좋다. 그날도 나는 설렘 가득 안고 새벽기도에서 희망기도를 빼놓지 않았다.

"주님, 오늘은 누구를 제게 붙여 주시겠습니까?"

1시간쯤 산행을 하다 보면 자연스럽게 동행자가 정해진다. 평소 인사만 나눴던 건축설계사와 동행하게 되었다. 건축설계 업무에 대해 질문과 함께 등산 모임에 가입한 동기와 취미생활 등을 물어보았다. 설계 업무는 백지에다 그리는 작업으로, 건축주의 생각과 주변 환경, 용도 및 인허가 문제 등을 고려한 창조적 직업임을 설명해 주었다. 그리고 대화가 진지하게 진행되던 중 진단질문을 던졌다.

"일요일엔 뭐 하십니까?"

"특별한 활동은 없고 운동하거나 쉽니다."

성령님의 섬세한 가르침을 따라 절제된 만남과 절제된 대화를 나누었다. 그가 신앙생활은 하지 않고 있다는 것이 파악이 되었기에 마음에 품고 새벽마다 집중기도를 하기 시작했다.

그 건축설계사는 자녀 둘을 다 결혼시켰고, 이제 인생 후반전을 맞이한 상태였다. 그래서인지 그의 관심은 여행과 취미, 노후생활을 어떻게 보낼까 하는 데 있어 보였다.

성령님이 강한 감동을 주시는 날 식사 자리를 마련했다. 그가 나에게 질문했다.

"법무사님은 인생의 무슨 재미가 있으시기에 만날 때마다 이렇게 생기가 넘치실까요?"

"큰 비밀인데, 특별히 설계사님에게만 이야기해 드리죠."

나는 우리 가정의 일상을 가감하지 않고 사실 그대로 이야기해 주었다. 매일 아내가 차려 준 식사를 하고, 아내의 축복기도를 받고, 일주일에 하루는 신방을 차리고, 엘리베이터 앞에서 하이파이브를 하고 출근하는 하루하루가 절로 신바람이 난다고 말하자 그가 의외의 질문을 했다.

"혹시 재혼 부부십니까?"

우리는 그 말 한마디에 서로 호탕하게 웃었다. 그는 다시 내게 이야기했다.

"보통 60대라 하면 아내와 각방을 쓰고 삼식이 별명이 듣기 싫어 가급적이면 식사를 밖에서 해결하고 귀가한다고 하지 않습니까? 그런데 법무사님은 그와는 반대로 살아가고 계시군요. 그 비결이 무엇입니까?"

그는 호기심어린 눈으로 내게 물었다. 나는 잠깐 뜸을 들인 후 입을 뗐다.

"그분을 만난 이후부터 그분이 가르쳐 준 내비게이션을 따라 살아가는 것이 비결입니다. 그분이 설계한 인생 설계도가 궁금하시지 않으신가요?"

잠시 침묵이 흘렀다. 곧이어 나는 그 침묵을 깨는 질문을 던졌다.

"설계사님! 만약 건설업자가 100년을 걸려 짓는 건축 공사를 하면서 주어진 설계를 무시하고 자기 기준으로 공사를 진행한다면 어떻게 될까요?"

"그런 일은 있을 수 없지요. 만약 그런 일이 있다면 결국 철거하고 새로 시작해야 합니다."

"맞습니다. 우리 인생에도 기회는 딱 한 번뿐입니다. 그렇기 때문에 프로로 살아야 하지 않을까요? '누구 때문에 내 인생을 망쳤다' 하면서 변명하는 일 같은 것은 하지 말아야 하겠지요?"

나무그늘에서 잠시 땀을 식히는 동안 나는 가방 속에 가져간 성경을 얼른 꺼내들어 '인생 설계도'를 같이 보자고 했다. 말씀을 펼쳐 창세기 1장, 2장에 나오는 우주의 탄생과 인간의 창조, 죄의 근원과 그 결과로 인한 삶의 현상을 설명했다. 그럼에도 불구하고 소망이 있는 이유도 설명했다. 교회마다 십자가가 달려 있는 이유도 알려 주었다. 그 십자가에 쏟아진 사랑이 나와 당신을 위한 것이라고 증언했다.

며칠 후 그에게서 연락이 왔다. 내가 그토록 열정적으로 소개했던 그분을 자기도 만나고 싶다는 것이다. 내 심장은 다시 뛰기 시작했다. 그의 마음을 열도록 연결시킨 접속어는 설계사가 알아들을 수 있는 언어로 성경을 설명한 것이었다.

그들을 천국에서 만나게 하옵소서

반월국가산업단지와 시화국가산업단지에는 2만 개가 넘는 중소기업이 들어서 있다. 이 가운데 나와 네트워크가 이뤄진 300개 기업 대표 가정에 3월까지 편지를 보내고 매일 두세 곳의 회사를 방문했다. 나는 그동안의 일상을 사업장 업무와 회사 방문에 집중했다. 이 일이 차질 없이 진행될 수 있었던 비결은 날마다 부부가 함께 물맷돌을 체크한 것이다. 기도 자리에서 주님과 초점을 맞추고 기록된 영혼을 위해 매일 빠뜨리지 않고 선포와 감사기도를 올렸다. 일을 하다가도, 길을 걷는 중에도 그 영혼을 위해 기도했다. 누구를 만나든 대화할 땐 질문하고, 경청하고, 위로하고, 격려하는 황금언어를 사용했다.

지극히 작은 자에게 제공한 냉수 한 그릇도 기억하신다는 주님 말씀에 따라, 전략을 세워 문자를 보내고 식사를 하고 진정성을 담은 섬김을 지속했다. 문자는 매월 달이 바뀌면 가족 정보를 기록한 수첩을 보면서 개별적으로 문자를 보냈다. 그룹발송을 하면 시간을 단축할 수 있고 수고도 덜겠지만, 각각 한 사람이 천하보다 소중하다는 생각으로 한 분 한 분에게 정성을 다했다.

> 문지기는 그를 위하여 문을 열고 양은 그의 음성을 듣나니 그가 자기 양의 이름을 각각 불러 인도하여 내느니라 요10:3

박 대표님!
5월 첫 날입니다.
대표님의 가정에 희망과 웃음이 넘치는 5월을 소망합니다.
12월 17일 행사에 대표님을 모신다는 생각에
설렘 안고 잘 준비하고 있습니다.
벌써부터 기대가 됩니다.
<새벽마다 아드님 진국이와 지원이를 위해 기도하는 정재준 장로 드림>

드디어 초청 잔치의 날! 그해 12월 셋째 주 토요일 오후 4시 동산교회 1층 큰숲 홀에는 600여 명의 기업인이 참석했다. 성령님의 감동에 따라 정확히 10개월을 준비한 결과, 순종의 현장을 목격하게 되었다.

매일 기업체를 방문하고 날마다 기도의 자리를 확보하면서 순종하면 반드시 하나님이 하실 일을 확신했기에 흔들림 없이 준비했다. 교회 자원 봉사자 70여 명이 매주 기도회를 갖고 각 팀별로 준비를 잘 감당해 주었다. 기도한 내용대로 봄날 같은 일기와 준비한 750여 명 분의 식사가 부족해서 봉사자 일부는 라면으로 때웠다. 수많은 기업인들이 그 바쁜 연말 일정에도 불구하고 참석하여 복음을 듣게 된 것은 성령님이 역사하신 사건이다.

흰색 정장 차림으로 단에 선 김인중 목사님은 첫 마디에 좌중을 웃음바다로 이끌었다. 사람을 변화시키는 것은 권력이나 재물이 아니요, 복음만이 가능하다는 사실을 본인의 신앙 간증과 함께 증거했다. 이 잔치를 통해 기업인들이 교회와 기독교인에 대해 깊이 이해하게 됐다. 또한 그들이 복음을 받아들였을 뿐만 아니라, 200여 기업인이 내가 상임대표로 있던 NGO단체를 후원하게 되는 놀라운 일들이 일어났다. 정성을 다한 무대에 세계적인 바이올리니스트 박지혜 씨의 연주는 잔치를 더 풍성하게 했다. 초청하고 제반 준비를 하는 데 상당한 예산이 소요되었지만, 주님은 내 사업장을 통해 넉넉한 재정을 공급해 주셨다.

지금도 나는 수첩에 기록한 기업인들과 고객들의 얼굴을 하나하나 떠올리며 한 바퀴의 기도를 쉬지 않고 있다.

"주님! 그분들을 천국에서 뵙는 기쁨을 부디 허락 하옵소서"

복음 유통의 일석삼조(一石三鳥)

전도에 있어 핵심은 무엇일까? 전도는 신학적 지식이나 교리 전달이 주가 아니다. 자신이 경험한 예수님의 사랑을 삶으로 보여 주는 태도의 문제라고 생각한다. 내 삶의 태도를 바꿔 예수님을 삶의 중심축으로 모시게 되자 날마다 그분을 자랑하고 싶은 갈망이 솟아났다. 내가 한 일은 고객들과 신뢰의 관계를 열고, 예수님과 데이트한 내용을 그들의 언어로 증언한 것이다. 이 일을 자연스럽게 수행할 수 있었던 것은 물맷돌 훈련 덕분이다.

나는 물맷돌 훈련을 통해 예수를 닮아 가는 성품과 인격으로 변화되어 가고, 내 섬김은 이웃들을 자연스럽게 예수께 인도하는 도구로 사용되었다. 하나님을 기쁘시게 하는 삶의 도구가 되겠다는 결단을 하기 전엔 불가능했을 일이다.

그러나 사명이니까 도전해야 했다. 의무로만 생각하고 무작정 뛰어들었던 지난날의 잘못된 전도 방식을 진단하면서 이 길을 걸어왔고, 지금도 걸어가고 있으며, 앞으로도 걸어갈 것이다. 이제 10년을 걸어와 보니 겨우 주님이 나를 '사람 낚는 어부로 만들겠다' 하신 전도의 비밀을 알 듯하다.

복음 전하는 사명을 사업으로 비유한다면, 복음 유통 사업만큼 확실한 사업 아이템이 어디 있겠는가? 세상에서 사업 진행을 하면서 쏟아 붓는 노력에 비하면 이건 걱정할 게 없다. 사업 진행 방식도 무척 쉽다. 사업자는 공급자의 부르심에 수락(순종)만 하면 된다. 사업의 공급, 판로, 마케팅 모두를 공급자가 책임진다.

사업에 실패해도 공급자가 그 손실을 책임진다. 사업 지원자는 아무런 스펙이 필요 없다. 사업 지원자가 준비할 사업 자본으로는 자기 몸만 오병이어로 내 놓으면 된다. 사업의 유통기한 또한 없다. 경쟁 사업이 아니기 때문에, 사탄을 제외한 누구에게도 피해를 주지 않는다. 사업자 자신과 가정이 회복되는 특전은 물론, 이웃을 살리는 자로 살아간다.

다만 사업자가 스스로 경계할 사항과 몇 가지의 태도는 요구된다. 예수의 마음으로 해야 한다. 예수의 증인으로 사는 데 모든 것을 걸어야 한다. 예수께 모든 것을 질문하고 명령대로 실천해야 한다.

이 복음 유통 사업자의 태도와 3대 준칙이 있다. 첫째, 절대 감사한다. 둘째, 절대 순종한다. 셋째, 절대 신뢰한다.

복음 유통 사업가로 살아가는 이에게 주어지는 삶의 열매는 일석삼조(一石三鳥)다. 내가 살고, 이웃을 살리고, 하나님을 기쁘시게 하는 삶이다.

chapter 13.

전도자의
땅 끝

글로벌 NGO 대표를 맡다

새해를 맞아 올 한해의 사역을 준비하는 내게 아내가 조심스레 말을 꺼낸다. 음성을 들었다는 것이다. 그러면서 기도 중에 받은 말씀 두 구절을 알려 주었다.

> 보라 내가 새 일을 행하리니⋯ 사 43:19
> ⋯ 땅 끝까지 이르러 내 증인이 되리라 행 1:8

우리 부부는 이 말씀을 땅 끝을 향해 가라는 음성으로 받아들였다. 그때까지 내가 경험한 선교는 교회의 선교 부서를 맡아 섬기면서 몇 군데 선교지를 방문한 것이 전부였다. 사역 책임자로 섬겼지만 선교에 전혀 준비가 되어 있지 않아 기도 중에 예루살렘, 온 유대, 사마리아, 땅 끝 코스를 경험케 하시는 주님의 인도로 받아들였다.

그러던 중 교회로부터 창립한 지 8개월 된 NGO단체의 대표로 섬겨 달라는 제안을 받았다. 주님의 인도 방식은 선교사 파송이 아닌 글로벌 NGO단체를 통해 경험케 하는 것이라는 확신으로 나는 즉각 순종했다. 일터교회로 사무실을 운영하고 있었지만, 내 사업을 핑계로 하나님의 명을 거부할 순 없었다. 주님의 메신저는 순종이 절대 가치이기 때문이다.

절대 가치를 실현하기 위해 내가 가진 것들을 내려놓기로 했다. 사업장을 사무장이 최소 인원으로 경영할 수 있는 규모로 대폭 축소했다. 선교사 수준의 생활을 감수하겠다는 아내의 결심으로 후원자 발굴을 위해 승용차를 경차로 교체하고 차체에 상호를 붙여 거리를 누비며 새 일을 감당할 수 있었다. 어려운 결단이었지만 "그는 흥하여야 하겠고 나는 쇠하여야 하리라"(요 3:30)고 말했던 세례 요한의 삶을 조금이라도 닮고 싶었다.

순종 후 가장 먼저 주님께 여쭈었다.

"저는 이 분야에 언어를 포함해서 전문성을 갖추지 못했는데, 무엇을 어떻게 해야 합니까?"

집중기도를 할 수밖에 없었다. 주님의 응답은 브살렐에게 부어준 여러 능력을 주시겠다는 약속이었다.

> 하나님의 영을 그에게 충만하게 하여 지혜와 총명과 지식으로 여러 가지 일을 하게 하시되 출 35:31

'너는 독학이 전문이니, 내가 직접 인도해 가겠다'고 하셨다. 그때부터 내 안에 있던 두려움과 열등감이 싹 사라졌다. 개척 사역이지만 전도자와 함께하시겠다는 주님을 의지하고 첫걸음을 뗐다.

그러면서 주님은 사도행전 1장 8절의 마지막 코스인 땅끝이 해외에서 진행되지만 그 적용 원리는 톱니바퀴 원리라고 알려 주셨다. 가 보지 않은 길이었지만 두려움 없이 톱니바퀴 원리를 가지고 시작했다.

첫째, 정탐한다(현지를 아웃리치한다).

둘째, 전략을 세운다(현지인과 관계를 맺는다).

셋째, 영적 무기 물맷돌을 사용한다(물맷돌을 적절하게 구사한다).

넷째, 집중한다(지속하여 성령님께 질문한다).

다섯째, 신뢰한다("반드시 길을 내리라"(사 43:19) 하신 말씀을 신뢰한다).

위 원리에 따라 3년을 아웃리치하였다. 현지 정부 관계자, 기업인과 시민들을 통해 그들의 필요를 파악했다.

선택과 집중이라는 전략에 따라 교육과 보건 분야 사업을 선정하였다. 청소년들에게 자립의 꿈을 심어 주기 위해 직업학교를 추진했다.

비영리법인의 체계는 '운영', '홍보', '후원 발굴', '사업 발굴' 이렇게 네 기둥이 기본 축이다. 아무리 훌륭한 비전과 열정이 있어도 후원자가 없으면 그날로 멈춰야 한다. 개척 교회를 운영하는 목회자들이 많이들 어려움을 호소하지만, 소규모 NGO단체는 그보다 몇 배 더 운영이 어렵다. 규모가 큰 기관들은 공개 후원모집도 하지만, 막 탄생한 단체에 누가 선뜻 후원을 해 주겠는가? 후원자를 찾아가 비전을 제시하면 고개는 끄덕이지만 후원신청서는 밀어낸다. 이유를 물어보면 언제 사라질지도 모르는 신생 기관을 믿고 참여할 수 없다는 의견이 대부분이다. 어떻게 해야 신뢰를 얻을 수 있을까? 신뢰라는 게 말로 한다고 형성되는 건 아니지 않은가? 그 누구도 선뜻 참여를 원하지 않는 상황에서 스스로 찾은 희망의 빛줄기는 내 안에 형성된 전도자의 DNA였다.

성령님께 질문하는 것으로 하루를 시작했다. 성령님은 '후원은 후원을 하는 사람과 받는 사람 모두를 살리는 일이니 관점부터 바꾸라'는 응답을 주셨다. 즉 후원자에게 구걸하지 말고, 참여가 후원자 자신을 위한 것임을 설명하라는 것이다. 사람은 돈 때문에 망가지는 경우가 많지 않은가? 바른 가치를 위해 돈을 사용하도록 권유하고 홍보하라고 일러주셨다. 후원이란 후원자 자신을 위하는 것이니 그 일을 요청하면서 미안한 생각을 갖지 말라 하셨다. 당당하게 요청하라는 것이었다.

그때부터 기도 중에 떠오른 사람을 찾아 나섰다. 내게 전도를 받은 개인과 기업인들을 찾아가 설명했다. 일반인은 거들떠보지 않았지만, 복음을 들었던 그들은 자원하여 참여하고 자기 동료들을 추천해 주기도 했다. 참여한 개인과 기업인 수백 명이 동참해 주었다. 참여해 준 모든 분들에게 항상 감사드리고 있다.

또한 성령님은 내게 수혜자들을 바라보는 시각도 새롭게 하라고 요구하셨다. 먼저 그들의 필요가 무엇인지를 정탐하여 필요를 채워 주라고 하셨다. 또한 그들이 자기 나라를 위한 희망의 씨앗이 되게 하라고 하셨다. 저개발국들을 살피다 보면 그들을 위해 해야 할 일이 무척 많다는 사실에 마음이 조급해진다. 다만 재정과 인력의 한계 때문에 선택과 집중을 할 수밖에 없다. 내가 섬기던 기관에서는 아프리카 우간다의 고아들을 돕는 사역과, 스리랑카의 신장질환 주민들을 돕는 사역, 그리고 스리랑카 청년들을 위한 관광호텔 직업학교 건립을 핵심 사업으로 선정했다. 특히 관광호텔 직업학교 건립 프로젝트는 코이카와 동역했다. 그 과정에서 많은 장애가 있었지만 그럼에도 차질 없이 주어진 미션을 완수할 수 있었던 것은 하나님의 절대적인 인도하심이었다.

가 보지 않은 길을 걷는다는 건 안개 속을 더듬는 것과 같다. 그 길에서 연결고리가 된 것은 스리랑카 현지의 NGO단체였다.

절대 가치는 타협의 여지가 없다

스리랑카는 불교 국가다. 현지 파트너 단체 소속원은 고위직 관리를 경험한 사람이었는데, 그들 모두가 불교신자였다. 나는 관광호텔 직업학교 진행 목적을 서남아시아 선교의 모판을 구축하는 것에 두었기 때문에 현지 파트너를 의도적으로 배제시켰다. 그들은 우리 사업을 불교문화 교류에 두고 접근해 왔기 때문에 사업 추진을 공유하지 않았던 것이다.

하지만 학교 건축허가가 나왔을 때 그들은 이 프로젝트 추진에 자기들이 배제된 사실을 알고 극렬하게 저항했다. 저항의 1차적 행위는 직원들의 비자 발급을 차단하도록 당국에 압력을 행사한 것이었다. 2차적 행위는 협박이었다. 정부에 요청해서 우리 법인의 현지 등록을 취소시키겠다는 통고를 보내면서 스리랑카 활동을 하게 되더라도 차후에는 자기들이 감독하겠다는 취지의 통고를 해 왔다.

나는 이 통고를 건축업자 선정을 위해 출국하는 날 받았다. 당시 나는 총회와 이사회에 보고를 마쳤기에 건축업자를 선정하기 위해 스리랑카로 출발해야 했다. 그들의 갑작스러운 통고는 그야말로 마른하늘에 날벼락이었다. 누구와도 상의할 수 없는 절체절명의 시간에 나는 비행기 안에서 줄곧 하나님께 매달려 기도하기 시작했다. 비행은 여덟 시간이다. 왕복 30회를 넘게 왕래하는 여정 중에서 가장 힘든 시간을 보내야 했다.

기도는 스리랑카에 도착해서도 계속됐다. 이사야 43장 19절 말씀을 붙들고 3일을 금식하며 기도하던 중에 세미한 음성이 들렸다.

"내가 너와 함께하리라."

이 음성에 생각을 정리했다.

'절대 가치는 타협의 여지가 없다.'

이 사업은 선교의 모판을 깔기 위한 사업이기에 절대 가치였다. 따라서 그들의 요구를 결코 수용할 수 없었다. 내가 모든 것을 책임질 각오로 그들에게 최후통첩을 했다.

"나는 당신의 나라 법을 어긴 일이 없습니다. 법인 등록이 취소되면 우리는 철수하겠습니다. 당신들이 내 감독을 받아야지, 우리

법인이 당신들의 감독을 받을 근거는 없습니다."

얼마 후 그들에게서 긴급 회동 요청이 왔다. 미팅 시간에 그들은 내가 말을 꺼내기 전에 백기를 들고 투항했다. 청소년 희망 프로젝트인 직업학교엔 일체 관여하지 않겠다고 선언하는 것이 아닌가! 그들의 태도는 완전히 달라져 있었다. 완악한 그들 마음에 두려움을 준 것은 하나님이 하신 일이었다.

장애가 제거된 그날 우리는 건축 공사를 시작했다.

고진감래(苦盡甘來)
"울며 씨를 뿌린 자는 기쁨으로 추수한다"

사업 발굴과 후원자 발굴이라는 두 개의 멍에를 메고 6년을 6일처럼 달려왔다. 3년의 노력 끝에 학교 건물의 준공과 개소식은 실로 감회가 남달랐다.

건축을 하는 내내 감독자로 지원한 사람이 없어 부득불 내가 현지에 머물러 결정을 해 줄 수밖에 없었다. 무더운 열기에 잠을 설치는 밤이 이어졌다. 자취 경험이 없었던 나에게 라면으로 때우는 식사는 영양 부조화를 가져왔다. 이석증이 나타나고 모든 치아가 흔들거리는 상태에 이르게 되었다. 건강에 빨간불이 들어왔다. 게다가 공사는 현지 설계사 미숙으로 잦은 중단이 발생했다. 매일 한 번씩 쏟아지는 소나기(스콜) 때문에 3층 지붕 마감을 위한 트러스공사가 전기 용접을 할 수 없어 4개월 째 지체되고 있었다.

엘리야의 심정으로 비가 오지 않기를 기도했다(약 5:17). 신기하게도 2개월 동안 비가 오지 않아 학교가 준공되어 개소식을 할 수 있었다. 후원자와 관계인, 직원들 모두가 한마음으로 기도하고 협력한 결과물이었다. 1년에 100명 이상 수료하는 이 직업학교는 코이카 국제 대외협력기관과 년 단위로 공동 수행하는 매칭사업으로 진행하고 있다.

내비게이션이 없는 길을 걸었지만 오직 주님이 일하심을 목격했다. 현장을 볼 수 없는 사람들에게는 기도 요청을 했다. 스리랑카와 한국 사이를 30차례나 왕복하는 길목에서 내가 뿌린 것은 눈물의 기도였다.

지나온 일을 정리하다

2018년 6월, 기도 중에 성령님의 음성을 들었다.

"지금까지 한 일들을 정리해 봐라."

사업 발굴 시작과 과정, 후원 발굴 과정, 전략, 결과를 백서로 정리해서 이사회에 보고했다.

법인 출발은 동산교회에서 시작했다. 사업 중 눈에 띄는 것이 있다면 스리랑카 내전을 겪었던 지역에 의료 버스와 정수 시설을 마련해 준 일이다. 스리랑카에서는 오염된 식수 때문에 많은 사람이 신장 질환으로 고통받고 있었다. 그들을 돕기 위해 투석 환자 수송 버스와 깨끗한 식수를 먹을 수 있도록 다섯 개 마을에 정수 시설을 설치했다. 이 사업의 기금은 유치원생부터 기업인까지 1년 동안 모금한 동전을 통해 마련되었다. 특히 투석 버스는 스리랑카 대통령에게 직접 전달을 하여 더욱 의미가 있는 사업 중 하나다.

많은 재정이 투입된 공사였지만 동산교회와 일반 시민, 기업인, 전국 각처에 거주하는 성도들의 참여로 완성할 수 있었다. 마무리 과정에서 예상치 못한 실습 기자재 초과 비용이 있었다. 그때 풍년 그린텍 유이상 회장께서 큰 액수를 흔쾌히 후원해 주어 잘 마무리할 수 있었다. 모든 후원자에게 감사하다.

그해 12월 이 모든 과정을 점검했고, 전문가로부터 긍정적 평가를 받았다. 나는 대표로 부름받을 당시 이 법인을 시민운동으로 이끌고 가도록 교회로부터 지침을 받았기에 그에 따라 법인 운영을 시민운동으로 확대해 갈 구상을 계획하고 사무국장도 영입했다.

사역은 징검다리 역할이다

나는 주님의 이끄심에 따라 2018년 12월 NGO 사역을 내려놓았다. 역시 주님의 계획과 이끄심은 사람의 생각과 전혀 달랐고(사 55:8), 예상치 못하게 펼쳐진다는 것을 다시금 기억할 수 있었다.

처음에는 예고 없던 중단이라 당황했다. 그러나 메신저가 지켜야 할 핵심 가치는 순종이기에 무조건 감사했다. 주님은 나를 향한 또 다른 계획을 가지고 계시리라 믿었기 때문이다. 나의 NGO 사역은 그렇게 후회 없이 조용히 막을 내렸다. 순종으로 시작된 사역을 순종으로 마친 것이다.

6년의 사역기간 동안 가족의 응원과 법인 직원들의 헌신이 있었기에 모든 사역을 무탈하게 수행할 수 있었다. 특히 불도저처럼 밀고 나가는 대표의 열정을 뒷받침하느라 수고한 직원들의 협력이 있었기에 가능했다.

우간다 탐방을 처음 나가는 나에게 아내는 자신이 받은 이사야 43장 18-20절 말씀을 편지에 적어 확신을 주었다. 그 편지 봉투에는 아내의 비자금인 780만 원 수표가 담겨 있었다. 나는 법인계좌로 후원 처리하고 15일 출장 비용을 아내의 후원으로 다녀왔다. 아내와는 6년 동안 명절을 포함하여 여행이나 휴식을 한 번도 함께하지 못했지만 아내는 나를 늘 포근하게 안아 주었다. 복음에 동참하는 뜻으로 생활의 어려움과 불편을 잘 수용해 준 아내에게 진심으로 감사하다.

비전문가가 뛰어든 사역이 유종의 미를 거둘 수 있었던 것은 후원자, 직원들, 현지 관계인 모두가 함께해 준 덕분이었다. 특별히 대지 9천여 평에 사업을 시작하도록 흔쾌히 승낙해 준 스리랑카 콜롬보 연합교회 강기종 목사님과 당시 스리랑카 주 한국 장원삼 대사(현 뉴욕 총영사)께도 감사의 인사를 올린다. 콜롬보의 관광호텔 전문학교가 서남아시아 선교의 모판으로 사용되리라 믿고 기도한다.

예수의 메신저로 살아 온 10년 여정은 "예루살렘과 온 유대와 사마리아와 땅 끝까지 이르러 내 증인이 되리라"(행 1:8)는 그 약속을 경험하면서 막을 내리게 되었다.

지금까지 인생 후반전을 예수의 메신저로 살아오면서 내가 한 일은 부르심에 순종하는 믿음이었다. 그 일상은 예수님의 약속을 믿고 성령님의 가르침을 실천하기 위한 몸부림이었다. 10년을 결산하면서 복음의 4코스까지 경험하게 하신 주님께 감사하다.

더불어 나는 25년 동안 신앙생활을 하고 배우고 훈련받았던 동산교회를 사임했다. 나는 안동서문교회에서 첫 신앙생활을 시작하고, 10년이 지날 무렵 하나님의 특별한 인도를 받아 동산교회로 인도함 받았다. 1998년 새해 첫날부터 동산교회 시무장로로 섬기면서 김인중 목사님의 복음을 향한 '단순, 반복, 지속'의 3박자 열정을 배웠다. 내가 전도자로 세움받아 지속한 배경에는 스승이신 김인중 목사님의 가르침과 장로님 및 성도님들의 격려가 큰 힘이 되었다.

그동안 부족한 나를 사랑해 준 동산교회 모든 장로님과 제직의 모든 지체에게 감사를 드린다. 전도로 부흥한 공동체를 20수년을 섬긴 것은 나에게 과분한 은혜였다.

안동에서 안산으로 옮길 때는 안산에서 삶을 마감하리라 생각했는데, 주님은 다시 떠날 채비를 하라 하신다. 유목민처럼 살아왔던 내 인생 걸음을 다시 주님께 순종하는 걸음으로 내딛기로 했다. 주님은 새로운 소명으로 나를 부르셨다. 주님은 인도하는 일에 또 다시 수종들 것을 말씀하셨다.

동산교회를 사임한 이후 받은 소명은 다음과 같다. 첫째는, 한국 교회의 성도와 소그룹 리더에게 날개를 달아 주는 '물맷돌 전도 훈련' 사역, 화성 예수향남교회(정갑신 담임)에서 받은 특별 사역, 국제 사랑의 봉사단에서 선교사로 파송 받은 자비량 복음 사역과 아내 이영애 권사가 순전한 믿음을 바쳐 3년에 걸쳐 개척하고 있는 안동 농촌 마을 사랑방교회를 섬기는 사역이다.

> 그러므로 너희는 가서 모든 민족을 제자로 삼아 아버지와 아들과 성령의 이름으로 세례를 베풀고 내가 너희에게 분부한 모든 것을 가르쳐 지키게 하라 볼지어다 내가 세상 끝날까지 너희와 항상 함께 있으리라 하시니라 마 28:19-20

한동안 해외 NGO 사역에 집중을 했기에 복음을 나눴던 형제들을 찾아가지 못했다. 이제 와서 그들을 점검해 보니 교회로 발걸음은 하였지만 쉬고 있거나 지쳐 있는 형제들이 많다는 사실을 발견했다. 주님은 이것을 아시고 그들을 찾아가 회복시키라 하신다. 그들이 신앙 안에서 성장과 성숙을 지향하도록 섬기라 하신다. 이것이 내가 25년을 섬긴 안산 동산교회를 떠나게 된 결정적 이유다.

이제는 복음 전파에 매인 자로서 지역과 지 교회 및 교단을 초월하여 성령님이 인도하시는 대로 걸음을 내딛고자 한다. 더욱이 우리는 지금까지 겪어 보지 못한 코로나 사태를 직면하고 있다. 코로나 사태는 가정과 일상의 중요성을 깨닫게 해 주었다. 물맷돌 생활전도는 생활 속에서 생명 바이러스를 전파하자는 삶의 양식이다. 나의 걸음이 미미한 걸음이 될지라도 바이러스는 공간과 이념, 환경을 초월하여 전파시키는 능력이 있기에 그 길을 걸어가기 위해 신발 끈을 새롭게 매면서 아래 말씀을 되새김한다. 할렐루야!

이와같이 너희도 명령 받은 것을 다 행한 후에 이르기를 우리는 무익한 종이라 우리가 하여야 할 일을 한 것뿐이라 할지니라 눅17:10

PART 4

실전편

: 전도자의 무기

chapter 14.

물맷돌
가이드북

전도란 무엇일까? 어떻게 정의내릴 수 있을까? 많은 사람이 전도란 사명이요, 주님의 명령이자 유언이요, 먼저 건짐받은 자의 의무라고 답한다. 틀리지 않다. 성경을 기반으로 한 바람직한 정의다. 그러나 만약 그렇게만 생각한다면 전도는 영원히 우리에게 부담스러운 과제로만 남게 될 것이다.

많은 성도가 사명감을 가지고 열정적으로 거리로 나가 전도지를 뿌리지만 어느 순간이 되면 '이제 조금 지치는걸' 하고 생각하곤 한다. 나 역시 처음엔 주님의 뜻을 바로 이해하지 못했다. 그래서 앞서 내린 정의처럼 우리에게 맡겨 주신 전도를 어렵고 부담스럽게만 여겨 포기했던 소위 '전포자' 성도였다.

그러던 어느 날, 전도란 어떤 틀에 얽매인 프로그램이 아니라는 것을 깨달았다. '전도는 예수를 따라 일상에서 전하는 생활 방식일 뿐이다'라는 사실을 깨닫고 나서부터 내 삶은 완전히 달라졌다. 이 깨달음은 성령님이 값없이 주신 오롯한 선물이었다. 전포자였던 내가 예수의 메신저가 되기를 결단하고 지금까지 전도의 발걸음을 이어 가고 있음은 성령님이 가르쳐 주신 물맷돌 원리를 몸에 익힌 덕분이다.

물맷돌이 무엇인가? 다윗이 골리앗을 쓰러트릴 때 사용했던 전략적이면서도 획기적인 무기였다. 물맷돌은 비록 장수의 무기처럼 화려하지는 않았지만 다윗에게 가장 친숙하고 누구보다 잘 다룰 수 있는 생활의 기술이었다(삼상 17:39-40). 그는 평소 훈련과 실전으로 물매질에 단련되어 있었기 때문에 골리앗을 대적할 수 있었다.

내가 몸에 익힌 물맷돌 다섯 개는 예수님의 공생에 사역을 추적하고 살피다 발견한 무기다. 압축하면 기도, 언어, 섬김, 증언, 기록이다. 어쩌면 지극히 평범하게 들릴 수 있다. 그러나 이렇게 골라 낸 다섯 개의 핵심 단어를 하나로 합체시키면 놀라운 비밀병기로 둔갑한다. 나는 그 이름을 '물맷돌'이라고 지었고, 이것을 갈고닦아 삶의 현장에 나갈 때마다 무기로 사용하고 있다.

무기의 성능이 우수하고 그것을 잘 사용하면 전쟁에서의 승률은 당연히 높아진다. 주님께 거저 받은 이 무기를 성도들과 공유하고자 한다. 이 책에 수록되어 있는 가이드북을 통해 물맷돌을 몸에 익히기를 기대한다.

물맷돌 훈련을 해야 하는 이유

물맷돌 훈련은 예수님의 생활을 따르는 훈련이다. 우리는 예수님의 삶을 몸에 익혀야 한다. 예수님의 삶이 몸에 체질화되면 하나님과 이웃을 대하는 태도가 달라진다. 이웃 구원에 관심을 갖게 되면 언어 습관이 바뀌고, 섬김의 태도가 변한다. 그러면 우리의 일상은 거룩으로 빚어져 예수의 향기를 뿜어낸다. 그때 우리는 예수를 자랑하지 않을 수 없을 것이다.

주님은 우리에게 사명감이나 의무감이 아닌 사랑의 관계에서 발현되는 자연스러운 전도를 기대하신다. 그렇다면 자연스럽게 전하는 생활 전도는 어떤 것일까?

물맷돌 훈련을 시작하기 전에

몸에 익히도록 훈련해야 한다. 예수를 자랑하는 것은 생각이 아닌 몸으로 하기 때문이다. 스스로 훈련할 수 있도록 가이드북을 제공한다. 그러나 전도는 영적 싸움이므로 전도를 처음 시작하는 전도자는 혼자서 하는 것보다 소그룹에서 함께하는 것을 권한다(전 4:12).

① 훈련 원칙

첫째, 위대한 삶의 도전임을 확정한다.

둘째, 성령님을 전적으로 의지한다.

셋째, 대상자를 정하고 시작한다(기도 물맷돌 참고).

넷째, 훈련 일지를 작성하고 반복, 지속한다.

다섯째, 구성원과 훈련을 상호 체크한다.

② 훈련 시간

매일 한 시간을 투자하되, 하나의 물맷돌을 익히는 기본 시간은 1개월로 정한다.

③ 훈련 파트너

배우자 및 소그룹 동역자와 함께 한다.

④ 전도 목표

일상에서 만나는 이웃 중에서 1년에 1가정을 책임지겠다는 의지를 가지고 기도한다. 성령님이 감동을 주신 사람 세 명을 수첩에 기록한다.

① 가족 공동체(배우자, 자녀)

② 혈연 공동체(친인척, 시가 또는 처가)

③ 생업 공동체(사업장 직원 또는 직장 내 동료)

④ 업무상 만나게 되는 다양한 고객

⑤ 교육 관련 종사자(학교 교사, 학원 강사, 과외 선생님 등)

⑥ 각 분야 서비스업 종사자(음식점 직원, 헤어샵 디자이너, 승무원, 콜센터 직원, 은행원, 공무원, 판매사원, 영업사원 등)

⑦ 기업인(CEO/전문인)

⑧ 사회적 약자(장애인, 독거노인, 미혼모 등)

⑨ 주일 예배에 참석이 어려운 사람(자영업자, 경비원 등)

⑩ 가나안 성도(교회를 나가다가 쉬고 있는 성도)

⑪ 교회는 다니지만 믿음이 없거나 한 교회에 정착하지 못한 성도

⑫ 선교 현장 주민

2. training_
실전

∞ 물맷돌 1.
예수님의 기도를 배우고 실천한다

예수님의 생애는 기도가 곧 습관이요 일상인 삶이었다.

> 새벽 아직도 밝기 전에 예수께서 일어나 나가 한적한 곳으로 가사 거기
> 서 기도하시더니 막 1:35
> 예수께서 나가사 습관을 따라 감람 산에 가시매 제자들도 따라갔더니
> 눅 22:39

예수님의 주된 기도 내용

예수님이 종의 형체로 오신 목적은 구원 사역의 완성이다. 그러나 성경은 이 사역을 위해 예수님이 무엇을 어떻게 구했는지에 대한 구체적인 내용은 기록하지 않았다. 나는 이와 관련된 예수님의 기도 내용이 궁금했다. 그래서 성령님께 질문했다. 받은 영감을 토대로 예수님의 기도를 배우고 실천하기로 했다. 그것을 전도자의 첫 번째 물맷돌로 삼았다.

나의 기도는 악순환의 연속이었다

호흡을 주관하는 氣道(기도)가 막히면 육이 죽고 祈禱(기도)가 막히면 영이 죽는다. 그리스도인의 기도는 최고의 특권이요 생명을 잇는 탯줄이다. 이 기도를 어떻게 하느냐에 따라 삶이 영향을 받는다.

나의 기도생활은 전도자로 결단한 이전과 이후가 확연히 다르다. 이전의 기도는 내 영향력을 넓히기 위한 바벨탑 기도였다. 초점을 상실한 바벨탑 기도는 악순환의 원인이 되었다. 그때의 일상은 '다람쥐 쳇바퀴 도는' 삶이었다. 전도자로 결단한 이후 달라진 첫 모습은 기도의 태도였다.

전도자가 올려드리는 다섯 가지 기도

기도는 믿음으로 확신했을 때 응답된다.

> 그들에게 이르기를 여호와의 말씀에 내 삶을 두고 맹세하노라 너희 말이 내 귀에 들린 대로 내가 너희에게 행하리니 민 14:28

① 초점기도 :

전도자의 정체성은 종이요, 증인이다(행 26:16). 종의 본분은 항상 주인의 뜻에 초점을 맞춰 부여받은 사명을 완수하기 위해 충성하는 것이다. 그 경계를 넘어서면 아무리 성과를 달성했다 할지라도 칭찬받을 수 없다(마 7:21, 딤후 2:5).

종의 경계선을 넘지 않도록 날마다 체크하는 것이 초점기도다. 사도 바울은 초점을 잃지 않기 위해 날마다 십자가에서 죽는 것을 자랑했다(고전 15:31). 십자가를 통해 자기가 짊어질 고난을 즐거워했다. 그는 로마에 보내는 서신서에서도 사도로서 자기의 정체성을 가장 먼저 밝힌다(롬 1:1). 그의 충성스러운 사역은 바로 초점을 맞춘 기도였다.

주님도 새벽마다 성부 하나님께 기도를 드렸다. 그 기도의 핵심은 무엇이었을까? 아마도 초점기도였을 것이다. 주님은 사역을 하시면서 한 번도 이 땅에 오신 목적을 놓치거나 궤도에서 이탈하신 적이 없다. 전도자 역시 궤도에서 이탈하지 않으려면 자기 정체성을 면도날처럼 분명히 세워야 한다. 조금만 무디어져도 영이 힘을 잃기 때문이다. 사탄이 우리의 사역 앞에 벌벌 떨지 만만히 볼지는 초점기도 자리에서 겟세마네 기도하는 전도자의 태도에 달려 있다.

우리가 주님과 초점을 맞추려면 십자가를 바라봐야 한다. 복음의 빚진 자로서 내가 무엇을 위해, 누구를 위해, 어떻게 행할 것인지를 확인하고 확정하고 선포하는 과정이 초점을 맞추는 첫 단계다.

더불어 초점기도의 자리는 십자가를 통해 주님과 깊은 교제를 이어 가는 자리다. 주님과의 교제를 통해 주님의 부요함이 내 안에 가득 채워질 때 모든 결핍으로부터 자유함을 얻게 된다. 주님으로부터 인정을 받고 있다는 사실 하나만으로도 세상의 오해와 시기와 모욕까지도 묵묵히 받아들일 수 있는 여유가 생긴다. 초대교회 사도들을 가리켜 세상이 감당할 수 없는 사람이라고 평했다. 그 영적 파워가 어디서 나왔겠는가? 초점기도 자리다. 전도자로서 삶의 모든 승패는 여기서 결정된다. 그렇기 때문에 전도자는 어떤 경우라도 기도 자리를 확보해야 한다(마 26:40).

이왕 우리가 예수를 따르기로 했다면 제대로 따라가는 야성이 필요하다. 무엇이 두려운가? 초점이 흐려져서 그렇다. 우리를 책임지고 계신 주님은 전능자요 믿을만한 주인이시다. 내가 흔들림 없이 계속 전도의 행보를 이어갈 수 있는 것은 초점기도에 그 비결이 있다.

② 능력기도 :

> …너희는 위로부터 능력으로 입혀질 때까지 이 성에 머물라 하시니라
> 눅 24:49

예수님은 제자들에게 왜 기다리라고 하셨을까? 전도는 영적 싸움이다. 성령의 권능을 받지 않고는 절대 이 사명을 감당할 수 없다. 우리는 주님이 지시하신 대로 성령의 임재를 사모하며 기다려야 한다. 절대 조급해해서는 안 된다. 기다림 속에 우리는 부르심의 목적이 무엇인지, 이 일이 얼마나 중대한 사명인지를 되새기며 기도에 힘써야 한다(행 1:14).

나 역시 명령대로 사모하며 기도할 때 약속하신 성령님이 찾아오셨다. 과거에 없던 용기가 충전되었다. 나의 옛 사람을 십자가에 못 박을 수 있는 용기가 생겼다. 문제 많았던 내 자존심을 부인하고 내려놓게 되었다. 이 능력이야말로 또 하나의 최대의 사건인 것이다(눅 9:23).

회칠한 무덤 속에 숨어 있던 온갖 쓰레기들이 불타자 내 눈이 변화되었다. 고객이 복음을 전할 대상자로 보였다. 입술에 붙어 있던 지적의 말, 비판의 말, 불평의 말투가 떠나갔다. 매너리즘이 벗겨지고 몸의 기관들이 회복되었다. 그러자 내 입에서 나오는 언어가 위로의 언어, 칭찬의 언어, 격려의 언어, 질문과 경청의 언어로 변화하기 시작했다.

일터에서도 변화가 나타났다. 하나님이 브살렐에게 부어 주셨던 다양한 능력을 내게도 부어 주시자(출 35:31) 그동안 바벨탑을 쌓아 왔던 나의 경영 방식이 자연스럽게 복음 전파 방식으로 전환되었다. 나는 돈이 되는 업종을 포기하고 이웃 동료 법무사에게 연결시켜 주었다. 그들도 복음의 대상자이며, 경쟁관계를 유지할 이유가 없다고 생각했기 때문이다. 능력을 받아 삶의 가지치기를 하고 나니, 삶의 멍에가 굉장히 가벼워졌다. 그 결단을 통해 내 본업인 전도자의 사명에 집중할 수 있게 되었다.

말씀이 나를 새롭게 하자, 일상의 발걸음이 깃털처럼 가벼워졌다. 기도하며 대상자를 찾아가 자녀들의 이름을 불러 가며 대화를 시작했다. 신기하게도 그들의 반응이 달랐다. 내게 마음의 문을 열고 속마음을 털어놓기 시작했다. 내가 한 일은 경청과 질문, 칭찬, 위로, 격려하고 기록하는 것이 전부였다. 그러나 누군가 내 말을 올곧은 자세로 들어 주면 존중받는다는 생각을 하게 되고(마 7:12) 치유가 일어나는 걸 경험할 수 있다. 그런 가운데 주위 사람들과 신뢰 관계가 구축되고 있음이 감지되었다.

우리가 하나님께 능력을 구해야 하는 이유

첫째, 나의 자존심을 십자가에 못 박기 위해

둘째, 세상의 가치관을 물리치기 위해

셋째, 무력감, 좌절감, 열등감, 죄책감에서 해방되기 위해

넷째, 복음을 담대하게 증거하고 표적과 기사를 행하기 위해

다섯째, 사탄의 권세를 제압하기 위해

③ 선포기도 :

전도 현장은 영적 전쟁의 최전선이다. 그래서 우리는 매 순간 선포기도를 사용해야 한다. 사탄은 자기 수중에 있는 영혼을 뺏기지 않기 위해 모든 악한 술책을 구사한다. 대상자의 영혼 속에 복음의 광채가 들어오지 못하도록 그를 혼미케 하고(고후 4:4), 전도자를 향해 불화살을 쏘아 무력감에 빠지게 한다. 전도자는 악한 영의 술책을 분별하고 무기를 사용할 능력을 갖춰야 한다(엡 6:16-17).

무기는 성령의 검, 즉 말씀이다. 말씀이신 예수의 이름이다. 주님은 예수의 이름을 사용할 권한을 우리에게 위임해 주셨다(눅 10:19, 막 16:17). 제자들은 이 권한으로 사탄과 귀신들에게 주님의 이름으로 명령했고, 그때 악한 영들은 그들 앞에 항복했다. 우리에게 이 권한과 능력이 있음을 기도 자리에서 확신해야 한다. 확신을 갖고 더러운 사탄을 향해 나사렛 예수 그리스도 이름으로 우리가 품은 태신자의 영, 혼, 육에서 떠나갈 것을 명령해야 한다. 선포기도는 사탄에게 꾸짖는 명령이다. 담대하게 명령하는 것이다. 태신자와 나 자신 및 지역을 향해서도 할 수 있다.

나 역시 전도를 할 때마다 주님이 허락하신 권세로 선포기도를 했다. 사탄을 결박하는 선포기도를 하지 않고 대상자를 찾아갔을 땐 어김없이 상대가 불꽃같은 눈빛으로 쏘아보며 나를 조롱했다. 그러나 집중해서 선포기도를 하고 찾아가자 순한 양의 모습으로 달라져 있었다.

또한 사탄은 나를 향해 쉼 없이 불화살을 던졌다. 나의 약점을 알고 있기에 지인를 통해서, 고객을 통해서, 직원을 통해서, 일터를 통해서, 수시로 나를 공격해 왔다. 그때마다 그것들을 이기고 감당할 수 있었던 비장의 무기는 나를 향한 선포기도였다(눅 10:19, 엡 6:10-20, 고후 4:4, 마 12:29).

나를 위한 선포기도

"나 정재준 전도자를 힘들게 하고 무력감, 좌절감, 죄책감, 열등감, 두려움을 주는 더러운 원수, 사탄, 음란의 마귀들은 예수 그리스도의 이름으로 명하노니 내 영, 혼, 육에서 떠나가라!"

태신자를 위한 선포기도

"태신자 ____와 그 가족_____의 영, 혼, 육에 있는 미혹의 영, 더러운 원수 사탄 마귀들은 예수 그리스도의 이름으로 명하노니 떠나가라!"

지역을 향한 선포기도

"우리 ____ 지역에 머물고 있는 미혹의 영, 자살의 영, 음란의 영, 거짓의 영, 분노의 영들은 예수 그리스도의 이름으로 명하노니 떠나가라!"

④ 희망기도 :

희망기도는 기록한 예비 대상자 중에서 누구를 먼저 찾아가야 하는지, 일상에서 누구를 붙여 주실 것인지를 성령님께 질문하는 기도다. 전도의 주체는 성령님이다. 따라서 전도에 앞서 반드시 성령님께 내가 찾아갈 수가성 사람은 누구인지를 진지하게 물어봐야 한다. 지금까지 주변에서 만나는 영혼을 긍휼히 여기지 못하고 소비자 성도로 살았던 모든 허물을 회개하는 기도를 겸한다.

희망기도는 성령님께 세 사람을 정해 주실 것을 구한다. 사람을 정해 주시면 주님의 마음으로 그들을 섬기겠다고 다짐하는 기도를 한다. 이때 주님은 내가 감당할 믿음 안에서 붙여 주실 줄 믿고 구하고, 반드시 응답하신다는 것을 확신해야 한다.

…너희 말이 내 귀에 들린 대로 내가 너희에게 행하리니 민14:28

희망기도를 할 때는 확신이 올 때까지 기도하며 기다린다. 길거리를 다니면서도, 일하는 중에도 희망기도를 한다. 주님은 꿈을 통해서라도 알려 주신다. 왜냐하면 하나님은 우리가 이 사명을 감당하는 것을 가장 기뻐하시기 때문이다. 즉각적인 응답이 없더라도 조급해하지 말고 기다려라. 기다림은 전도자의 가슴에 영혼을 사랑하는 마음이 채워지는 시간이다. 마침내 세 사람의 이름을 확정 짓는 시간이 도래한다.

확정은 영적 자녀의 잉태를 의미한다. 혈육의 자녀를 잉태했을 때 우리 마음은 어떠했던가? 어떻게든 그 감동과 감사를 주님께 전하기 위해 애쓴다. 가장 먼저 감사헌금으로 표현하기도 한다. 마찬가지로 영적 자녀를 잉태했을 때에도 제일 먼저 감사헌금으로 올려 드려라. 하물며 공사 입찰이 낙찰되어도 가슴이 뛰는데, 최고의 가치를 통고받았으면 그에 맞는 감동과 감사를 표하는 것이 사람 낚는 전도자의 태도다. 우리의 중심을 사람은 몰라도 주님은 정확하게 아신다. 그래서 우리는 어느 순간에든 가장 먼저 주님께 감사를 드려야 한다.

누구든지 성부 하나님이 붙여 주시지 않으시면 주님 앞으로 나올 자가 없다고 하셨다(요 6:44). 내가 매일 일상에서 만나는 사람들 중 누구에게 복음을 전해야 할 것인지를 주님께 질문하는 이유다.

"주님! 오늘도 허락하신 새날에 누구를 붙여 주시겠습니까?"

희망기도는 설렘의 기도다. 설렘으로 시작하는 하루 일상은 그래서 신바람이 난다. 업무 중 고객에게 던지는 진단질문 "일요일엔 뭐 하세요?"는 이 희망기도의 응답을 받는 고리가 되고 있다. 나는 거래처든 목욕탕에서든 골프장에서든 누군가에게 이 질문을 던질 때마다 벅차오는 설렘을 경험한다.

⑤ 감사기도 :

우리가 무엇으로 하나님께 기쁨을 드릴 수 있을까? 이 생각을 자주 하다가 실천하게 된 나의 생활 원칙이 하나 있다. 바로 '절대감사'다. 어떤 어려운 상황에서도 절대 감사를 놓치지 않으려고 노력하다 보니, 감사의 근육이 생겨선지 모든 것에 감사할 수 있게 되었다. 실제로 나는 매일 아침 아내와 함께 감사 제목을 나눈다. 과일도 '감' 먼저, '사과'는 그다음에 먹는다. 감사의 생활화가 전도자의 기본 생활로 정착돼야 한다.

해외 선교 현장 건축을 총괄 감독하며 수개월을 열악한 환경에서 지내던 중 어금니 두 개가 흔들려 떨어지기 직전까지 건강이 악화되었다. 치과에 갈 수도 없는 상황이었다. 나는 세운 원칙을 적용하여 그 상황을 절대 감사하며 기도했다. 그때 완전하게 붙어 버린 치아는 단단한 고기를 거뜬하게 씹을 수 있을 정도의 건강한 치아가 되었다.

언제 어디서나 올려드릴 수 있는 것이 감사가 아니겠는가? 주님도 무덤 속에 죽은 나사로를 부르시면서 성부 하나님께 먼저 감사를 드렸다(요 11:41) 전도자는 입술에 감사를 달고 다녀야 한다. 특별히 한 영혼을 붙여 주신 사실에 사슴처럼 뛰며 감사해야 한다.

나는 누구에게 명함을 받아도 3일 안으로 감사의 문자를 보낸다.

"어제의 우리 만남은 우연이 아닙니다. 만남을 소중히 여기는 정재준 장로(법무사)"

사업의 형통함도 감사할 일이지만 한 영혼을 만나게 해 주심은 표현하기 어려운 감사의 선물이다. 나는 한 영혼을 만날 때마다 그 영혼의 인적사항을 기록하고, 감사헌금으로 마음을 표현한다. 아내와 자녀 이름을 불러 가며 그 얼굴을 두 손으로 받치고 애절한 기도에 들어간다. 그래야 그들의 이름이 주님께 기억되고, 나의 뇌리에 착 달라붙는 느낌이다. 차 안에서도, 길을 걷는 중에도, 업무 중 잠시 쉼을 얻을 때에도 이름을 불러 가며 기도한다. 매일 감사 제목을 다섯 개씩 적어 보는 것도 어느새 나의 익숙한 일상이 되었다.

오늘의 감사 제목

① 사람 낚는 전도자로 불러 주심에 감사합니다.

② 주위 사람들을 복음 전할 영혼으로 보게 하심에 감사합니다.

③ 삶의 우선순위를 하나님 나라 건설에 두게 하심에 감사합니다.

④ 생활 문제를 주님께 맡기는 믿음 주심에 감사합니다.

⑤ 생산자 성도로 세워 주실 것을 믿고 감사합니다.

Self 감사 Check Point

감사기도 다섯 개를 기록하고 배우자 또는 가족들과 나눠 보자.

①
----

②
----

③
----

④
----

⑤

하나님이 정해 주신 태신자 세 사람의 가정을 위해 감사와 선포기도를 한다.

새벽기도 시간에 세 명의 가족을 맡겨 주심에 감사하며 그 마음을 감사헌금 봉투에 기록하여 올려드렸다. 그때부터 새벽마다 그의 얼굴을 두 손으로 받치고 그 영혼을 미혹시키는 악한 영을 제압하는 선포기도를 시작했다.

집중적인 기도를 하고 그들을 찾아가 섬기기 시작했다. 첫 열매인 세 사람의 가정이 100일을 넘기지 않고 교회에 나오게 되었다. 그를 시작으로 복음의 5코스(가정 회복 → 이웃 가정 전도 → 장기결석자 회복 → 지역 복음화 → 생활 전도)가 시작되었다.

기도의 물맷돌은 순서 없이 '한 바퀴 기도'로 한다.

초점, 능력, 선포, 희망, 감사기도에 별다른 순서는 없다. 전체를 믿음의 물매에 담아 한 바퀴 돌듯 기도한다. 이것이 한 바퀴 기도다. 다윗은 시냇가에서 평소에 익힌 매끄러운 돌 다섯을 골랐다. 다윗이 사용한 돌은 한 개의 돌이었다. 어떤 돌이었을까?

성경은 다윗이 사용한 첫 돌 하나에 대해서는 설명이 없다. 나는 예수님의 삶에서 다섯을 취했지만 그중 제일 먼저 사용할 하나를 선택하라면 주저함 없이 기도의 돌을 취할 것이다. 왜냐하면 기도는 생명줄이기 때문이다. 기도 자리에서 하나님과 교제해야 모든 것을 공급받기 때문에 영적 전쟁에서 결정적한 방은 기도의 물맷돌이다. 다른 모든 것이 준비되어 있어도 기도의 물맷돌이 없다면 패한 전쟁이다.

기도의 물맷돌을 통해 일어난 나의 핵심 변화를 체크한다.

주님과 초점이 맞춰지면서 헝클어진 삶의 첫 단추가 제 자리를 찾았다. 종과 증인의 삶을 위해 살고자 내 마음이 확정되었다. 영혼의 첫 단추가 바로 꿰어지니 범사가 형통하고 건강의 복을 받아 약봉지 없는 일상을 살아가고 있다. 더 큰 은혜는 한 영혼을 향한 구령의 불꽃이 지속적으로 타오르고 있다는 것이다. 능력의 기도는 내 삶의 시스템을 경쟁에서 나눔으로 바꾸어 놓았다. 다섯 가지 기도의 습관화는 당당한 그리스도인이 되는 첫 관문임을 확신한다.

한 영혼을 위한 기도 수첩을 준비한다.

① 예비 대상자를 별지 양식표의 분류에 따라 기록한다.

② 예비 대상자 중 세 명을 확정자로 정한다.

③ 확정한 대상자는 준비한 기도 수첩(태신자 수첩)에 기록한다.

④ 수첩을 들고 감사기도 자리로 나아간다.

⑤ 전도의 시작과 끝은 성령님께 질문하는 것이다.

결단하라.

시작이 절반이다. 실천하지 않는 지식은 힘이 없다. 자기의 생각과 물맷돌 기도를 참고해서 나만의 기도 방식을 정리한 후 매일 하루 한 시간씩 기도 시간을 확보할 것을 결단해 보자(마 26:40).

◇◇ **물맷돌 2.**
예수님의 언어를 배우고 실천한다.

예수님의 언어를 배워야 하는 이유

예수님의 언어는 생명의 말씀이다. 그분을 따라가는 전도자는 그분에게서 언어를 배워야 한다. 이 과정을 빠뜨릴 수 없다.

언어는 사람을 살리기도 하고 죽이는 무기가 되기도 한다(잠 18:21). 관계를 뒤틀리게도 하고 회복시키기도 한다. 주님은 말의 중요성을 아시기 때문에 우리의 말이 항상 소금으로 맛을 냄과 같이 하라 하신다(골 4:6). 옛 사람의 부정적인 말(불평, 지적, 비난, 욕설)을 버리라 하신다(엡 4:22). 형제를 무시하는 말은 엄중히 경고하신다(마 5:22). 나는 예수님의 언어를 배우기로 했다.

언어는 품격이다

그리스도인과 비그리스도인을 구별하는 척도는 무엇일까? 다양한 의견이 있을 수 있다. 성경은 말씀의 능력을 담은 기록이다. 말씀이 생명이요, 창조의 원천이며, 능력의 원천임을 알려 준다. 하나님의 말씀은 살았고 운동력이 있다. 그리스도인은 세상 사람들과 달리 생명과 소망의 언어 사용법을 알아야 한다. 세상은 우리의 말을 듣고 우리를 통해 하나님의 형상을 보기 때문에, 우리의 언어를 품격 있게 해야 한다. 초대교회의 부흥도 성도들의 언행이 칭송을 받을 때 입소문으로 전파된 것이다.

매력적인 언어를 사용해야 한다

인류의 일상은 먹는 생활과 언어생활이 전부라 해도 과언이 아니다. 음식점이 시설과 분위기가 아무리 좋아도 문전성시를 이루는 맛집은 입소문으로 홍보가 된다. 이유는 좋은 재료로 군침이 도는 요리를 하기 때문이다. 교회와 성도의 삶도 마찬가지다. 평소 군침이 도는 언행을 사용할 때 비로소 이웃으로부터 빛과 소금의 삶을 인정받는다. 예수의 향기를 뿜어내는 출구는 우리의 입이다. 우리가 뿜어내는 말이 거룩으로 빚어지면 매력적인 향을 발산할 것이다.

어떤 말이 매력적인 언어일까?

사람은 누구나 자기를 알아주는 사람, 자기에게 관심을 가지는 사람, 자기의 마음을 헤아려 주는 사람, 자기의 가능성을 보고 격려해 주는 사람, 예의를 갖춰 자기에게 배우겠다는 의지로 질문하는 사람, 자기의 말을 끝까지 경청하는 사람, 지치고 힘들 때 위로해 주는 사람, 때론 백 마디의 말보다 침묵과 절제의 언어를 사용할 줄 아는 사람을 가까이하고 싶어 한다.

그렇다면 우리는 그들의 욕구를 충족시켜 주기 위해 어떤 언어를 준비하고 사용해야 할까? 당연히 고민하지 않을 수 없는 질문이다. 그 질문에 대한 답은 주님이 가르쳐 주신 말을 골라 사용해야 한다는 것이다. 내 언어에 복음을 입혀야 한다.

> 그러므로 무엇이든지 남에게 대접을 받고자 하는 대로 너희도 남을 대접하라 이것이 율법이요 선지자니라 마 7:12

다섯 가지 황금언어

아래는 전도자가 생활 속에서 항상 사용하여 몸에 밴 습관 언어로, 변치 않고 사용하리라는 의미로 '황금언어'라고 이름 붙였다.

① **위로의 언어** : 경쟁 사회에서 지친 영혼을 보듬는다.

너희의 하나님이 이르시되 너희는 위로하라 내 백성을 위로하라 사 40:1

② **칭찬의 언어** : 현 상황을 있는 그대로 인정해 준다.

도가니로 은을, 풀무로 금을, 칭찬으로 사람을 단련하느니라 잠 27:21

③ **격려의 언어** : 장래 가능성을 보고 도전을 준다.

서로 돌아보아 사랑과 선행을 격려하며 히 10:24

내가 너에게 천국 열쇠를 주겠다 마 16:19

④ **질문의 언어** : 본질과 대면하게 한다.

여호와 하나님이 아담을 부르시며 그에게 이르시되 네가 어디 있느냐

창 3:9

너희는 나를 누구라 하느냐 마 16:15

⑤ **경청의 언어** : 질문을 통해 상대방의 감춰진 속 뜻(욕구)을 알아낸다. 이를 위해 경청의 능력을 키워야 한다.

여호와께서 임하여 서서 전과 같이 사무엘아 사무엘아 부르시는지라 사무엘이 이르되 말씀 하옵소서 주의 종이 듣겠나이다 하니 삼상 3:10

Self 언어 Check Point

~~~~~~

1. 위로의 언어(사 40:1)

· 요즘 힘드시죠?

· 잘 헤쳐 나가실 겁니다.

· 더 어려운 일도 감당하셨잖아요?

· 속 많이 상하시죠?

· 화내고 소리칠 만합니다.

· 오늘 수고하셨어요.

· 그 상황에서 얼마나 힘드셨겠어요? 이해가 돼요.

Q. 내가 받고 싶고 사용할 위로의 언어를 기록해 본다.

----

2. 칭찬의 언어

· 어쩜 그런 아이디어를 생각해 내셨어요?

· 당신은 감각이 탁월하세요!

· 항상 건강한 모습이 보기 좋습니다.

· 매력적이십니다.

· 이해력이 대단하십니다.

· 당신을 보니 하나님이 함께하시네요.

· 당신은 눈빛이 아름답네요.

· 당신은 책임감이 강하시네요.

· 당신은 배려심이 특별하네요.

· 당신의 미소는 아름다운 꽃 같아요.

· 당신을 보면 힘이 납니다.

· 당신은 너무 멋져요.

· 당신의 음성은 따뜻하고 진실성이 느껴져요.

Q. 내가 받고 싶고, 사용할 칭찬의 언어를 기록해 본다.

----

3. 격려의 언어

· 당신의 꿈은 이루어질 겁니다.

· 꿈 너머의 꿈이 기대됩니다.

· 당신은 나눔을 실천하는 기업인이 될 겁니다.

· 당신은 지구촌을 흔들 감동의 사람이 될 겁니다.

· 점점 잘될 거예요.

· 당신은 머지않아 CEO가 될 거예요.

· 당신은 한국 교회의 리더가 될 거예요.

· 너는 우리 가문의 버팀목이 될 거야.

· 당신은 나를 감동시키는 배우자예요.

· 당신의 건강은 점점 회복될 거예요.

Q. 내가 받고 싶고, 사용할 격려의 언어를 기록해 본다.

----

4. 질문의 언어

· 꿈이 무엇인가요?

· 건강 관리는 어떻게 하나요?

· 취미 생활은 무엇인가요?

· 영향력을 준 사람은 누구인가요?

· 죄의 실체가 무엇인지 생각해 본 적 있나요?

· 교회에는 무엇이 있을까요?

· 우리가 왜 토지 소산물을 먹어야 하는지 그 이유를 알고 있나요?

· 예수라는 이름의 뜻을 들어 본 적 있나요?

· 인생 최고의 굿 뉴스를 들어 본 적 있나요?

(이 책 154p '복음의 접촉점' 참고)

Q. 내가 받고 싶고, 사용할 질문의 언어를 기록해 본다.

----

5. 경청의 언어

경청은 능동적으로 상대의 마음을 읽는 태도다. 마치 왕 앞에서 그의 말을 듣는 신하의 태도와 같다. 피조물인 인간이 창조주 하나님의 말씀을 어떤 태도로 듣느냐에 따라 인생의 승패가 갈린다.

우리에게는 대체로 경청 능력이 취약하다. 이 부분에 대해서는 더 강한 훈련이 필요하다. 상대방과의 진정한 소통이란 내 양쪽 귀만이 아니라 마음까지도 그에게 온전히 내주는 것이다.

하나님은 우리의 고통, 부르짖음, 기도, 신음까지도 듣고 필요를 채워 주시는 경청의 능력을 갖고 계신다. 나도 이를 본받아 하나님의 음성과 이웃의 음성에 경청하는 능력을 키워 나가고 있다.

Q. 경청의 능력을 키울 수 있는 나만의 방안을 생각해 본다.

적용하는 과정에서 겪었던 어려움

말투를 바꾸기로 결심했지만, 습관이 되어 있지 않다 보니 처음엔 과거의 부정적인 모국어가 불쑥 튀어나와 몇 차례 홍역을 치렀다. 나는 새로운 언어 습득을 위한 훈련을 시작했다. 먼저 내가 버려야 할 언어를 기록해 보았다. 그리고 기록한 메모를 들고 내 입술에서 떠날 것을 선포했다.

대신 황금언어와 친숙해지기 위해 위해 셀프 훈련을 거듭했다. 처음엔 거울 앞에서, 또는 화초를 바라보면서 했다. 셀프 훈련 후 아내에게 가장 먼저 황금언어를 사용했다. 6개월이 지나니 어느덧 황금언어가 내 안에 자리를 잡게 되었다.

가장 어려웠던 것은 경청이었다. 지적하고 가르치려는 생각이 앞서 있었기 때문이다. 나는 사람들을 만나 대화하는 도중 무엇인가 하고 싶은 말이 있더라도 일단은 침묵과 절제의 훈련을 지속했다. 아내로부터 합격 판정을 받으면서 경청도 습관화되기 시작했다.

언어를 바꾸면서 나타난 변화

첫째, 부부 사이에 갈등이 해소되고 서로 존중하는 관계가 되었다.

둘째, 일터 직원과 고객과의 관계가 옥토로 조성되기 시작했다.

셋째, 사람을 만나는 것이 두렵지 않았다.

넷째, 질문의 능력이 향상되면서 효과적인 소통을 하기 시작했다.

다섯째, 경청의 능력이 생기면서 상대의 마음을 얻게 되자 복음의 문이 열리기 시작했다.

언어 사용에 있어서 주의할 점

언어생활의 변화도 성령님께 집중적으로 기도해야 한다. 왜냐하면 우리에겐 관성의 법칙에 길들여져 있기 때문이다. 어떤 경우에도 부정적인 언어와 감정적 언어를 금해 달라고 간구해야 한다. 기도로 담겨진 언어는 진정성 있는 사랑의 언어임을 확신해야 한다. 침묵과 절제를 적절하게 활용해야 한다.

또한 언어 사용은 한 바퀴로 한다. 황금언어 다섯 개에는 순서가 없다. 상황에 따라 적절하게 사용하는 것이 중요하다.

◇◇ 물맷돌 3.
예수님의 섬김을 배우고 실천한다

전도자의 몸에서 뿜어져 나오는 거룩의 향기가 섬김이다

기도와 언어 물맷돌은 의지적 결단만 하면 누구라도 취할 수 있는 물맷돌이지만 섬김의 물맷돌은 몸과 내 안의 에너지를 전부 사용하는 것이기에 녹록치 않는 과제다. 주님의 사랑이 모두에게 감동이 되는 것은 스스로 자원하여 목숨까지 대속물로 주신 종의 태도다. 섬김의 종착역은 종의 태도가 핵심이라 할 수 있다.

> 너희 중에 누구든지 으뜸이 되고자 하는 자는 너희의 종이 되어야 하리라 인자가 온 것은 섬김을 받으려 함이 아니라 도리어 섬기려 하고 자기 목숨을 많은 사람의 대속 물로 주려 함이니라 마 20:27-28

전도자는 주님을 따르는 종이다. 주님을 따르는 길에는 반드시 자기 십자가가 있다. 그 십자가를 지고 가야 한다. 자기 십자가를 질 수 있는 용기는 기도의 자리에서 공급받을 수 있다(눅 9:23).

전도자의 섬김은 어떻게 시작해야 할까?

기도와 언어 섬김에서 시작한다. 기도 자리에서 대상자의 이름을 불러 가며 기도로 먼저 섬긴다. 그 영혼을 향한 애절한 기도는 그 얼굴이 사랑스런 모습으로 보이게 된다. 섬김에 복음을 입히면 사랑의 관계로 전환이 된다. 사랑의 섬김은 지치지 않고 기쁨으로 감당할 수 있다.

기도로 섬기고 황금언어로 섬기는 과정에 복음을 제시할 기회가 반드시 온다. 섬김을 지속하기 위한 원칙을 정하는 것이 필요하다.

섬김의 단계별 원칙

① 섬김은 태교와 같다. 다만 한계를 갖고 있기 때문에 10원칙을 정했다. 열 번 찍어 안 넘어지는 나무는 없다.

② 섬김은 상대방이 감동을 받을 때까지가 1단계다. 감동은 섬김의 임계점이다.

③ 섬김은 주께 하듯 진정성을 가지고 해야 한다.

④ 무엇으로 나의 진정성을 감지할 수 있는가? "저에게 왜 이렇게 잘 해 주십니까?"라는 반문이 신호다.

⑤ 섬김은 한 번 더 찾아가는 사랑의 수고다. 고진감래를 기억하라.

섬김의 종류

기도 : 대상자 가족을 불러 가며 감사와 선포기도를 지속한다. 자녀를 위한 다섯 가지 황금기도(이 책 84p 참고)를 한다.

언어 : 관계를 옥토로 만들어 가기 위해 다섯 개의 황금언어와 황금기도를 익혀 적절하게 사용해야 한다. 질문을 통해 얻는 중요 정보는 기록한다. 질문과 경청을 통해 소통하며 신뢰를 구축한다.

편지 : 전도자는 예수님의 메신저다(고후 3:3). 진정성을 전달하는 데는 편지가 탁월하다. 편지는 하나님의 방식이다. 성경 전체가 하나님의 편지다. 자녀가 있는 대상자에게는 어떤 기도를 하고 있는지 알린다. 온 가족에게 하나님의

소원(민 6:24-26)을 적어 보낸다.

요즘 같은 시대에 편지는 부담스러운 섬김일 수 있다. 하지만 내가 조금만 정성을 기울여 보낸다면 매우 유용한 복음의 도구가 된다. 천하보다 귀한 한 영혼을 주님께로 인도하는 데 몇 번의 편지가 결정적 역할을 한다면 보내야 하지 않겠는가? 십자가를 지고 주님을 따라간다는 의미가 무엇인가? 작은 희생을 기꺼운 마음으로 감수하는 것이 전도자의 태도다.

섬김의 예

존귀하신 박 형제!

3일 전 우리의 만남은 우연이 아닙니다.

그날 형제에게 사랑이와 희망이를 위한 다섯 가지 기도제목을

제시하고 그 제목이 응답되도록 기도하겠다는 약속을 했습니다.

그 약속에 따라 새벽마다 기도하는데

왠지 기대감이 내 가슴을 설레게 합니다.

두 자녀에게 하나님께서 멋진 꿈을 주실 것입니다.

바른 가치관을 갖도록 인도하실 겁니다.

좋은 친구와 훌륭한 스승, 믿음의 배우자를 만나는 복을 주실 겁니다.

이후로 형제의 가정은 하나님 손안에 있으니

소망을 가지고 살아가십시오.

내가 믿는 하나님은 끝까지 당신 가정을 보호하시고

은혜 주시고 평안을 주실 겁니다.

부부가 함께 읽을 책과 두 자녀에게 유익한 책을 보냅니다.

<형제 가정을 위해 새벽마다 기도하는 정재준 장로 드림>

문자메시지, 전화 : 그 영혼을 위해 기도할 때 성령님이 주신 감동에 따라 문자, 전화로 섬긴다.

식사 : 식사 자리를 마련한다. 그가 좋아하는 음식을 사전에 파악하여 맛집을 선정하는 섬세함이 필요하다. 진심으로 관심을 갖는 섬김이 필요하다.

선물 : 편지를 보낼 때 자녀와 배우자에게 필요한 유익한 책도 함께 사용하면 금상첨화가 된다. 직장인과 기업인, 지식인에 따라 맞는 인문학 서적을 함께 보낸다. 책 선물을 하기 전엔 반드시 내가 먼저 읽는다. 그러고 나서 왜 이 책을 선물하는지에 대한 이유를 알려 주고 꼭 읽어 봤으면 하는 페이지는 따로 표시한다. 후일에 만났을 때는 책을 소재로 대화를 풀어 가는 전략이 필요하다.

섬김의 역할

섬김은 주의 길을 예비하는 역할이다. 섬김을 통한 신뢰가 쌓이면 자연스럽게 복음 제시를 할 수 있는 토양이 형성된다.

섬김의 재정

자비량이 원칙이다. 섬김은 예수님께 하는 마음으로 해야 한다. 주님은 이미 우리의 마음을 읽고 심중을 달아보신다. 주께 하듯 정성을 다한 섬김을 하는 것이 전도자의 태도다(마 6:33, 마 25:40, 골 3:22-25).

섬김은 적도 돌아서게 한다

그리스도인이 이웃을 섬기는 일은 지극히 자연스러운 일이다. 그러나 과거 나는 체면상 겉치레로 한 경우가 많았다. 가장 힘든 경우는 자존심을 내려놓는 것이었다. 거래 고객사의 대표와 껄끄러운 관계에 놓인 적이 있다. 먼저 찾아가서 내가 부족했음을 고백하자 관계의 문이 열렸다. 이후 지속적인 관계를 갖고 섬김의 원칙에 따라 섬기자 그가 복음을 받아들이게 되었다.

섬김의 원칙을 세워 기도로 먼저 섬기고 언어, 문자, 방문, 편지, 선물 등은 전략을 가지고 사용했다. 지속성을 보이자 나의 진성성이 그에게 전달되었다. 그들은 나에게 "왜 이리 잘해 주십니까?"라고 반문했다. 이 한마디를 얼마나 기다렸던가! 나는 그때를 놓치지 않았다. 그리고 때마다 간증을 통해 예수님을 만나 변화된 삶을 증언했다. 복음을 제시하는 방식을 증언으로 바꾸었다.

그들은 내가 증언하는 예수와 복음의 메시지(요 3:16)를 거부하지 않고 경청하였다. 증언을 할 때마다 그들의 눈빛엔 '나도 당신이 믿는 하나님을 믿어보고 싶다'는 무언의 언어가 담겨 있었다. 이 감격은 그 무엇으로도 대체가 되지 않는다. 전도자만이 누리는 특별한 선물이다. 오병이어의 섬김을 주님은 구원의 도구로 사용하셨다.

훈련

언어 훈련, 편지 작성, 문자 내용, 전화 태도, 인사법, 표정관리 훈련은 스스로 하는 게 원칙이다. 우선 가정에서 시도해 보고, 목장 (구역, 셀)에서 실천하는 것이 효과적이다.

∞ 물맷돌 4.

예수님의 증언을 배우고 실천한다

증언이란 현장에서 보고 들은 바를 말하는 것이다. 사실을 객관적으로 입증하는 법정 용어다. 증인석에는 아무나 설 수 없다. 증인의 자격은 스펙이 아니라 보고 들은 경험이 있는 자에게 주어진다. 성경은 예수님이 하나님 나라의 최초 증인임을 가르쳐 주셨다. 예수님은 이 땅에 오셔서 삼위 하나님이 하시는 일들을 우리에게 경험한 대로 알려 주셨다. 그것이 예수님의 증언이다(요 5:30-47).

> 진실로 진실로 네게 이르노니 우리는 아는 것을 말하고 본 것을 증언하
> 노라 그러나 너희가 우리의 증언을 받지 아니하는도다 요 3:11
> 그러므로 예수께서 그들에게 이르시되 내가 진실로 진실로 너희에게 이
> 르노니 아들이 아버지께서 하시는 일을 보지 않고는 아무 것도 스스로
> 할 수 없나니 아버지께서 행하시는 그것을 아들도 그와 같이 행하느니
> 라 요 5:19

우리가 예수의 증인이 되어야 하는 이유

감춰진 복음이 이 땅에 전파됨은 예수님의 초림과 증언으로 알게 되었다. 주님은 남은 구원 사역을 우리에게 맡기셨기 때문이다(딛 1:3).

230

증인의 자격 요건

오직 성령의 충만함이다(행 1:8). 성령의 임재를 경험하지 않으면 예수를 알 수 없고, 하나님 나라를 구체적으로 전할 수 없기 때문이다.

전도자가 증언할 내용

예수가 누구인지를 증언한다. 오직 예수만을 전해야 한다. 그분은 성경에서 예언한 대로 십자가에서 죽으시고 돌아가신 지 3일 만에 부활하셨다. 그분이 하나님의 아들이심을 증언하는 것이다. 하나님의 독생자 외아들이 십자가를 친히 짊어지고 고통의 형벌을 받으심은 우리를 사랑하사 우리를 가족 삼기 위해 우리의 죗값을 대신 속량해 주신 사건이다. 우리의 증언은 그분의 속량으로 나의 모든 죄가 용서 받았음을 선언하는 것이다. 우리는 예수가 모든 것을 이루시고 부활하셔서 친히 하늘과 땅의 권세를 가진 만왕의 왕이요, 우리를 보호하고 인도하시는 살아 계신 하나님이심을 증언하는 것이다(행 1:22, 2:22-40).

증언이 중요한 이유

이웃이나 다른 이들은 경험하지 못한 사실이고, 주님은 우리의 증언을 통해 예수의 이름을 듣지 못한 이웃에게 복음이 전파되기를 원하시기 때문이다(롬 10:15).

증언의 효과

듣는 자에게 동기를 유발한다. 상대방이 '나도 한번 그분을 믿어 볼까?' 하는 생각을 갖게 한다. 그가 이 마음을 믿어 입으로 시인하면(롬 10:10), 주님이 그에게 들어가 십자가 능력을 경험하게 하신다 (계 3:20). 이것이 놀라운 증언의 파장이다(행 2:37).

증언은 예수님의 프로포즈다

신랑이신 예수님은 전도자의 증언을 통해 신부 될 사람에게 프로포즈를 하신다. 이것을 전도자에게 의뢰하신 것은 중매쟁이에게 상급을 주기 위함이요(단 12:3), 중매쟁이를 매력 있고 건강한 그리스도인으로 만들기 위한 배려다(고전 9:19-27). 중매쟁이는 이 프로포즈가 거품이 되지 않도록 혼신의 노력을 다해야 한다. 그 노력이 기도, 언어, 섬김이라는 물맷돌이다. 전도자는 이 세 개의 물맷돌을 통해 분위기를 조성한다. 그 과정에서 신랑이 선물로 준 아홉 가지 열매(갈 5:22-23)를 향수로써 뿌리고 나간다. 그러면 신부가 될 상대는 그 향기만 맡고도 아직 얼굴도 보지 못한 신랑을 사모하며 그분을 만나 보고 싶어 하는 것이다(행 16:30).

증인의 태도 : 진실성과 일관성

법정에서 증인은 신뢰를 담보하기 위해 선서를 한다. 그의 증언을 증거로 채택하는 것은 판사의 몫이다. 마찬가지로 우리의 증언을 믿을 것인가 아닌가의 선택은 듣는 자의 몫이다. 따라서 증인에게는 신뢰가 필수다. 듣는 자에게 신뢰를 주는 것은 기술이 아니라 진실성과 태도의 문제다. 따라서 증인은 확신에 차 있어야 한다. 예수와 확실한 사귐이 있는 증인은 목에 칼이 들어와도 일관성 있게 증언한다.

주님은 증인에게 아홉 가지 열매를 선물하신다(갈 5:22-23). 아홉 가지 열매는 세상의 어떤 향수보다 매력적이고 아름다운 향을 뿜어낸다. 보혈로 빚어진 거룩한 향기는 생명력이 전달되기 때문에 예수의 향기라 한다.

전도자의 증언이 세상의 법정 증언과 다른 점

세상의 증언은 어느 한쪽을 곤경에 빠뜨린다. 증언의 결과는 이해관계가 첨예하게 대립하기 때문에 협박과 위협을 받는 경우도 있다. 그러나 전도자의 증언은 오직 사탄만 슬피 울고 떠나가며 이웃은 광명을 찾게 된다.

전도자가 한 영혼을 구하기 위해 증언의 자리를 확보한다는 것은 치열한 영적 전투를 치르는 과정이다(벧전 5:7-9). 우리가 지식으로는 알아도 일상에서 예수의 증인으로 서지 못하는 결정적 이유는 주님과 깊은 사귐이 없기 때문이다. 그분이 주신 부요함을 맛보지 못했기 때문이다.

방식을 전환해라

내가 전도에 도전한 첫 해는 지식 정보 전달 방식을 사용했다. 이웃들은 정보만 전하는 복음을 거부했다. "너나 잘 믿어라" 하며 손사래를 쳤다. 철저한 실패를 경험했다. 그런 뒤 말씀을 묵상하던 중, "말씀에 의지하여 그물을 내리리이다"(눅 5:5-6) 하고 자기 방식을 내려놓은 베드로의 고백이 눈에 들어왔다. 그 말씀이 단초가 되어 나도 방식을 바꾸게 되었다.

사람들은 지식 전달이 아닌, 내가 경험한 복음의 능력을 정중한 언어와 섬김의 자세로 들려줄 때 귀를 쫑긋 세운다. 그들은 또한 내 삶의 향기를 맡고 예수를 믿겠다는 발심을 하게 된다.

제1의 전도 대상자 정하기

내게 있어 전도 대상 1호는 나였다. 전도 현장 1호는 가정이었다. 이때부터 전도의 관점이 바뀌었다. 이웃 대상자에게만 향하던 내 시선이 나를 향하게 됐다. 나의 성도됨의 모습은 어떤지를 바라보기 시작한 것이다. 본질에 대한 질문이 시작되었다. 나에게 나타난 복음의 능력은 무엇인가? 내가 먼저 전도를 당해야 복음의 문이 열리게 됨을 알았다.

그때부터 내 변화를 구체적으로 체크하기 시작했다(고후 13:5). 체크 리스트는 열 개 항목으로 분류했다. 내가 집중해서 바라보아야 할 시선과 몸부림은 이웃이 아니라 나였다. 가장 먼저 할 일은 내 안에

쌓인 온갖 쓰레기를 발견하고 걷어내는 일이었다. 이 몸부림을 통해 생각이 정리되고 정화되는 과정에서 물맷돌 원리를 발견한 것이다.

이 모든 과정에서 예수님을 만나 생명을 얻은 감동을 증언하는 것이 전도의 본질임을 확연히 알게 됐다. 그때부터 시작된 예수님과 사랑의 데이트를 가정과 직장, 고객, 친구와 교회 공동체에서 나누고 있는 것이다.

사도들이 가르쳐 준 전도는 말씀과 증언이다. 전도자는 복음의 메시지를 준비해야 한다. 복음의 핵심 말씀을 암송하고 수첩 크기로 제작한 카드를 코팅해서 소지하고 다니고 있다. 그가 "왜 이리 잘해 주세요?"라고 반문할 때, 해당 말씀(요 3:16)을 읽게 하고 나의 간증과 함께 4영리 말씀을 들려준다. 듣던 이웃들은 비로소 손사래가 아니라, 나도 "당신이 믿는 그분을 믿어 보겠습니다"라고 고백한다. 그때마다 성령님이 그의 영혼을 만져 주심을 일상에서 경험하고 있다.

증언의 물맷돌을 사용하여 얻는 유익

복음 제시가 부담스럽지 않게 되었다. 상대에게 거부당하지 않는 방식이라 지속적으로 증언할 수가 있다. 내가 주님과의 사귐을 날마다 경험하기 위해 기도의 물맷돌을 사용하고 있다. 기도 자리에서 구체적으로 나의 변화를 점검하고 주님이 원하시는 변화의 과정을 체득하기 위해 기도에 혼신의 힘을 다한다. 내 생각이 성령의 지배를 받는 일상이 되어야 하기 때문이다. 증언은 주님과의 친밀한 데이트를 자랑하는 것이다. 그 자랑을 풍성하게 하기 위해서 우리는 기도 자리를 확보하고 성령을 사모해야 한다. 그때 일상은 춤추는 무대가 된다.

자가진단 리스트(고후 13:5, 히 4:12)

① 성경이 믿어지는가?

② 가치관이 바뀌었는가?

③ 예수 그리스도의 십자가 대속 사건이 나를 위함인 것으로 믿어지는가?

④ 하나님의 자녀임이 믿어지는가?

⑤ 죄를 해결받아 심령에 말할 수 없는 기쁨과 평안이 샘솟는가?

⑥ 삶의 의미를 발견했는가?

⑦ 죽음이 두렵지 않게 되었는가?

⑧ 성품이 변화되어 가고 있는가?

⑨ 옛 사람의 언어가 새 사람의 언어로 바뀌고 있는가?

⑩ 내 배우자와 가족이 하나님이 주신 최고의 선물로 여겨지는가?

1분 간증문(압축 요약본)

예수 믿기 전 : 나는 불교 가정에서 자랐다. 내가 사는 마을에 교회가 있었지

만 누구도 복음을 들려준 사람이 없었다. 교회에 가 보지 않겠느냐며 말한 사람도 없었다. 이상하리만큼 복음을 접할 기회가 나에겐 없었다. 나는 열아홉 살 청소년 시절에 취직한 약국 사장님의 권유로 성당에서 세례를 받았으나 복음의 진수를 몰랐다. 결혼 후 아내가 가져온 목사님 설교 테이프를 듣던 중 인생의 근본 문제를 설명하는 내용에 감동을 받아 스스로 교회에 나갔다. 28세부터 교인이 되었다.

예수 믿게 된 계기 : 습관적으로 아내를 따라 교회에 나가던 나는 1986년 새해 첫날 새벽기도 시간에 "사랑하는 자들아 너희는 너희의 지극히 거룩한 믿음 위에 자신을 세우며 성령으로 기도하며 하나님의 사랑 안에서 자신을 지키며 영생에 이르도록 우리 주 예수 그리스도의 긍휼을 기다리라"(유 1:20-21)는 말씀을 들었다. 말씀의 권위 앞에서 내 자신이 죄인임이 깨달아졌다. 그때 하나님께 거룩한 항복을 했다.

내 인생의 방향을 하나님께로 향했다. 주님의 십자가 사건이 나를 위한 사건임이 믿어지면서 주님을 영접하였다. 성경이 믿어졌다. 죄 문제가 해결되고 삶의 의미를 발견했다. 가치관이 변화되기 시작했고, 내가 누구인지, 어디로 가는지 알게 되면서 새로운 인생 코스에 진입했다.

예수 영접 후의 변화 : 나는 예수님과 동행하는 삶이 너무나 행복하고 기뻤다. 그래서 인생 후반전을 예수님의 사랑을 전하는 전도자로 살아가고 있다. 누구든지 예수님을 만나지 못하면 소망이 없지 않은가? 나는 이 일보다 더 중요하고, 더 긴급하고, 더 가치 있는 일은 없다고 확신하기에 일상에서 만나는 사람들에게 예수님을 소개하고 있다. 오늘도 어제처럼.

내 삶에 증언이 빠지면 나의 정체성은 무엇인가?

예수님을 자랑하는 증언이 빠진다면 1달란트 받은 악한 종이 아닐까? 그 많은 은혜의 복음을 받아 금고에 숨겨 놓았거나 냉장고에 냉동시킨 인색한 종이 아닐까?

Q. 각자의 간증문을 작성해 보자. 그래서 가족들 앞에서, 공동체 소모임에서 발표하고 나눠 보자. 그리고 주님이 주신 이 거룩한 사역에 동참해 보자.

예수 믿기 전:

예수 믿게 된 계기:

예수 영접 후의 변화 :

하나님은 인간에게 영감을 주셔서 말씀을 기록하게 하셨다(출 17:14). 성경은 전체가 하나님의 말씀을 기록한 하나님의 편지다. 특히 십계명은 돌판에 기록하게 하셨다(출 24:12). 왜 하필 돌판이었을까? 들은 것에 더욱 유념하여 흘러 떠내려가지 않게 하기 위함이다(히 2:1).

> 데오빌로여 내가 먼저 쓴 글에는 무릇 예수께서 행하시며 가르치시기를 시작하심부터 그가 택하신 사도들에게 성령으로 명하시고 승천하신 날까지의 일을 기록하였노라 행 1:1-2

기록해야 하는 이유는 '적자생존'

인간의 기억력에는 한계가 있다. 때문에 중요한 정보를 기록하지 않으면 관심이 사라지기 쉽다. 전도자가 길 잃은 양 한 마리를 찾아 주인께 인도하는 일은 생명을 걸고 전념해야 할 거룩한 과업이다. 이 과업은 가장 소중한 보화를 맡은 청지기로서의 주요 미션이기에, 전도의 진행 과정을 기록하는 것은 맡은 자의 최소한의 의무다. 현대판 '적자생존'은 적는 자만이 살아남는다는 뜻이 있다. 전도자인 나는 이렇게 풀이한다.

'적는 자만이 존재(생명)를 출산한다.'

기록이 주는 유익

태신자를 영적 레이더망에 항상 머물게 한다. 정확한 기억을 유지시켜 주는 가장 믿을만한 안전장치이다. 대상에 대한 정확한 기억은 상대에게 감동을 주는 바로미터다.

기록해 두면 좋은 태신자 정보

① 가족의 이름(배우자, 자녀 이름, 학년)
② 관심사
③ 건강 관리법
④ 영향을 받은 사람(책, 드라마 등)
⑤ 꿈, 희망사항

기록을 통해 경험한 나의 이야기

2010년부터 태신자에 관한 정보를 기록하기 시작했다. 주요 정보를 얻을 때마다 나는 무조건 다 기록했다. 대체적으로 가족에 관한 정보나 좋아하는 음식, 관심사, 고향은 어디인지, 감명받은 책, 영화, 영향을 받은 사람, 꿈 이야기 등이 있다. 기도 자리에서 기록한 그 수첩을 보며 그 가정을 위해 구체적으로 기도했다. "너희 말이 내 귀에 들린 대로 내가 너희에게 행하리니"(민 14:28)라고 하신 말씀을 붙들고 기도하면 뇌에 각인이 된다.

사람은 누구나 자신의 가족과 관심사에 공감해 주는 사람에게 마음을 오픈하고 신뢰한다. 가벼운 전화를 하면서도 자녀의 이름을 부르며 대화하면 상대는 의외로 감동을 받았다는 신호를 보낸다.

수년 전에 알았던 공무원을 오랜만에 전철 안에서 만났다. 얼마나 반가운 일인가? 서로 안부를 나누던 중 나는 그의 자녀 이름을 부르며 지금은 어떻게 지내느냐고 물었다. 그러자 그가 눈을 동그랗게 뜨면서, "아니 우리 애들 이름을 지금도 기억하고 계시네요" 하며 감동하는 것이다. 사실 나는 매년 수첩에 기록된 자녀의 이름을 기도실에서 한 바퀴 기도를 통해 불러 가며 기도한다. 그렇게 기도를 통해 그들의 이름이 나의 뇌에 새겨지니 자연스럽게 가족들의 이름이 나오는 것이다.

그는 전근을 가기 전에 자녀를 데리고 교회에 나왔었으나, 확인해 보니 전근을 간 이후부턴 가나안 교인이 되어 있었다. 그에게 모든 손은 놓더라도 예수의 손은 절대 놓지 말아야 할 이유를 설명했다. 헤어질 때 부모가 자녀를 위한 황금기도를 해야 하는 이유를 설명해 주었다. 헤어질 때 그와 맞잡은 손과 그의 눈빛 속에서 새로이 싹트는 생기와 희망을 보았다.

돌아보면 기록을 하지 않아 난감했던 경우가 가정에서, 사업장에서 여러 차례 있었다. 그러나 "한 영혼은 천하와 같다"라는 가치를 인정한다면 지극히 작은 일처럼 보일지 몰라도 항상 메모하고 명함 한 장을 귀하게 관리하며 기록하는 태도가 전도자의 자세가 아닐까 한다. 복음 전파를 염두에 두고 살아가는 사람이 바로 전도자이기 때문이다.

전도자는 사람을 최고의 선물로 여기는 사명자다. 사람이 감동하는 것은 비싸고 값진 선물을 받아서가 아니다. 작지만 섬세한 배려와 자신에 관해 관심을 보여 줄 때 잔잔한 감동을 받는다. 이것이 쌓이면 신뢰가 구축되어 복음의 통로로 이어질 수 있다.

어느 날 고객에게 그 가정을 축복하는 문자를 보내면서 자녀 이름을 적어 보냈더니, 세심한 관심에 감동했다며 감사의 메시지를 전해 왔다. '승부는 디테일이다'는 말을 곱씹어 본다. 특히 전도자라면 '머리카락까지 세시는'(마 10:30) 하나님의 섬세하고 치밀하신 섬김의 손길을 배우고 닮아야 하지 않겠는가?

기록을 하면 정확하게 기도하게 된다. 그 제목이 뇌리에서 사라지지 않고 지속적인 관계를 유지하는 데 결정적 역할을 한다. 이웃을 전도하려고 하는가? 수첩부터 준비하고 기록의 습관을 키우자.

Q. 각자가 기록할 중요 사항을 정리하면서 섬겨야 할 영혼의 이름을 수첩에 기록해 보자.

∞ 전도자가
경계할 사항

숫자를 경계하라

전도는 숫자적 목표가 아니다. 예수님은 우리를 숫자로 평가하지 않으신다. 그분의 평가 기준은 순종의 태도다. 그분은 우리가 주님의 긍휼한 마음을 갖고 사랑으로 이웃을 대하는지를 보고 계신다. 주님이 양을 각각 불러 인도하시고(요 10:3), 잃은 양 한 마리를 찾아낼 때까지 전력투구를 하셨듯이 우리도 한 사람, 한 영혼에 집중하기를 원하신다.(눅 15:4). 그렇기 때문에 우리는 전도 왕이 목표가 아니라 전도자로 살아 내는 것에 몸부림쳐야 한다.

전도는 특별 활동이 아니라 일상이어야 한다

주님이 명하신 전도는 먹든지 마시든지 생활 속에서 하는 일상전도다. 전도자는 일상에서 소망의 이유를 묻는 이웃에게(벧전3:15) 용기를 주고 희망을 주는 그리스도의 편지다(고후 3:3). 불특정인을 상대로 특정한 날짜와 시간에 하는 것도 필요하지만, 주님이 요청하신 전도는 내 가정과 일터에서 행하는 특별 활동이 아닌 일상전도임을 기억해야 한다(딤후 4:2).

조급함을 버려야 한다

전도는 한 영혼을 사망의 그물에서 구출하는 싸움이다. 전략과 섬김의 과정이 필요하다. 섬김은 한 방으로 끝내는 것이 아니라, 지속적으로 해야 한다. 섬김의 핵심은 조급함을 버리고 순전한 마음으로 다가가는 것이다.

속지 말아야 한다

· 전도자는 사탄의 속삭임을 분별해야 한다(창 3:1).
· 시험에 들지 않도록 기도 자리를 확보해야 한다(눅 22:46).
· 사탄은 전도자의 약한 틈새를 파고들어 공격한다는 사실을 기억해야 한다(엡 4:7).
· 사탄의 불화살을 막는 말씀의 검을 가져야 한다(엡 6:17).
· 사탄의 미혹을 경계해야 한다(고후 11:3)

화를 다스려야 한다

복음은 관계를 통해서 흘러간다. 한 번의 분노는 모든 관계를 무너뜨린다(약 1:19-20). 어떤 상황에서도 화의 감정을 드러내는 것은 종의 태도가 아니다(사 53:7). 주인은 종이 화내는 것을 기뻐하시지 않는다(민 20:11-12).

낙심하지 말아야 한다

전도자는 끝까지 주님을 따라가는 일을 행해야 한다. 포도나무 가지는 나무에 붙어 있는 것이 자기의 본분이다(요 15:1-6). 결과는 주님의 영역이므로 낙심할 이유가 없다(갈 6:9). 우리가 할 일은 부르심에 합당한 일을 끝까지 변함없이 행하는 순종이다(빌 1:7).

3. tip_
전도는 생활이다

생활 전도란?

① 전문적 신학 지식을 바탕으로 전하는 것이 아닌, 내가 경험한 예수를 현재 머무는 공간에서, 지금 만나는 사람에게 자연스럽게 전하는 전도를 말한다.

② 마치 생활 영어가 준비되면 외국인과 소통할 수 있듯이 누구나 맘을 먹고 물맷돌(언어와 간증)을 준비하면 할 수 있는 전도다.

③ 내가 먼저 행복해진다. 내 가정이 회복된다. 내 일터가 복음의 통로가 된다.

생활 전도를 하기 위해 무엇을 준비해야 하는가?

사모하라 : 후반전의 삶을 후회 없이 살도록 기회를 간절히 사모해야 한다.

결단하라 : 내 삶의 근본 가치 체계를 바꾸는 작업이기에 주님께 모든 것을 거는 결단이 필요하다.

한 영혼을 찾아 주님께로 인도하기까지 시스템을 몸에 익혀라

정탐한다

이웃에게 하나님 나라의 비밀인 예수를 소개하는 이 일은 치열한 영적 전쟁임을 인식하고 내 이웃이 어떤 형편에 있는지, 그들의 욕구는 무엇인지를 관찰한다(민 13장).

전략을 세운다

영적 전쟁의 주적은 우리 이웃의 영혼을 지배하려는 악한 영이다. 그 영은 대상자를 미혹하고 귀를 막아 복음을 듣지 못하게 한다(고후 4:4). 그렇기 때문에 먼저 그의 형편(기질, 상황, 취미, 관심)을 파악한 후 신뢰관계를 쌓는 전략을 세워야 한다(잠 24:6).

무기를 몸에 익혀야 한다(삼상 17:38-40)

전쟁에서 승리하기 위해서는 탁월한 무기가 필수다. 탁월한 무기라 할지라도 몸을 통해 사용되기 때문에 훈련이 필요하다. 육체의 심폐소생술도 익혀야 사용할 수 있듯 영혼 심폐소생술인 물맷돌 사용도 훈련을 받아야 한다.

집중한다

집중은 재능, 시간, 물질과 같은 우리의 유한한 에너지를 가장 가치 있고 소중한 일에 몰입시킨다. 전도에 집중하기 위해 아래와 같이 단순 작업이 필요하다.

첫째, 삶을 가지치기한다(딤후 2:4).

둘째, 삶의 우선순위를 하나님 나라에 둔다(마 6:33).

셋째, 관심을 하나님 나라에 집중한다(행 1:3).

넷째, 매일 하루를 잘 살아 내기 위한 방법으로 배우자와 함께 말씀과 찬송, 기도로 시작하고 마무리한다.

신뢰한다

신뢰는 모든 관계의 바로미터다. 부부관계나 모든 인간관계에 기초다. 우리가 모든 것을 걸고 한 번 주어진 삶을 예수께 올인 하기로 한 결단은 바로 예수님의 약속을 신뢰하기 때문이지 않겠는가?

"반드시 되게 하리라"(마 4:19), "내가 함께하리라"(마 28:20)는 주님의 약속을 절대 신뢰한다.

전도자 선서

1. 나는 전도자로 부름받은 예수 그리스도의 종이다.

2. 나는 예수의 십자가와 부활을 증거하는 증인이다.

3. 나는 모든 관심의 시선을 하나님 나라에 둔다.

4. 나는 성령님께 질문하며 순종으로 반응한다.

5. 나는 한 영혼을 끝까지 책임진다.

전도자 실천 수칙

1. 예수님의 기도를 배우고 실천한다.

2. 예수님의 언어를 배우고 실천한다.

3. 예수님의 섬김을 배우고 실천한다.

4. 예수님의 증언을 배우고 실천한다.

5. 예수님의 기록을 배우고 실천한다.

전도자 경계 수칙

1. **공로의식을 버리자** : 우리 목표는 전도 왕이 아닌 전도자다.

2. **조급함을 버리자** : 섬김의 열매는 한 방이 아닌 지속성이다.

3. **속지 말자** : 사탄이 주는 온갖 부정적인 생각을 버린다.

4. **낙심 말자** : 결과는 주님의 손에 있다.

5. **화내지 말자** : 한 번의 분냄이 모든 것을 무너뜨린다.

천지의 주재자이신 예수님!
우리에게 오순절 성령의 불을 내려 주옵소서.
성도마다 자신을 부인하고 자기 십자가를
기꺼운 마음으로 짊어질 수 있는 능력을 주옵소서.
성도마다 가정이 에덴동산으로 회복되는 은혜를
입게 하옵소서.
성도마다 자기 생업 현장이 일터교회로 세워졌음을
선포하게 하옵소서.
한국교회의 모든 제직이 일 년에 한 가정을 책임지는
생명 부흥운동이 일어나게 하옵소서.
삶의 무게와 사역의 무게 때문에
좌절감, 열등감, 죄책감, 무력감에 빠져 있는 성도에게
물맷돌을 통해 사탄의 함정에서 벗어나게 하옵소서.
가끔씩 실천하는 이벤트로서의 전도가 아니라,
각 소그룹에서 모든 성도가 예수님을 따라 실천하는
생활 전도를 하게 하옵소서.
'너희 말이 내 귀에 들린 대로 행하리라' 하신
하나님의 약속을 믿으며,
존귀하신 예수 그리스도의 이름으로 기도합니다.
아멘

언어

기도

섬김

전도절벽, 물맷돌로 돌파하라

기록

정재준 지음

증언

[워크북]

두란노

전도절벽,
물맷돌로 돌파하라
워크북

[돌파의 비책]

1. 기도로 시작하라
2. 언어로 문을 열라
3. 가슴으로 섬기라
4. 간증으로 소개하라
5. 기록으로 증명하라

**전도절벽,
물맷돌로 돌파하라
[워크북]**

지은이 | 정재준
초판 발행 | 2023. 8. 16.
등록번호 | 제1988-000080호
등록된 곳 | 서울특별시 용산구 서빙고로65길 38
발행처 | 사단법인 두란노서원
영업부 | 2078-3352   FAX | 080-749-3705
출판부 | 2078-3331

책값은 뒤표지에 있습니다.
ISBN 978-89-531-4536-8 03230

독자의 의견을 기다립니다.
tpress@duranno.com   www.duranno.com

두란노서원은 바울 사도가 3차 전도여행 때 에베소에서 성령 받은 제자들을 따로 세워 하나님의 말씀으로 양육하던
장소입니다. 사도행전 19장 8-20절의 정신에 따라 첫째 목회자를 돕는 사역과 평신도를 훈련시키는 사역, 둘째 세
계선교(TIM)와 문서선교(단행본·잡지) 사역, 셋째 예수문화 및 경배와 찬양 사역, 그리고 가정·상담 사역 등을 감당하고
있습니다. 1980년 12월 22일에 창립된 두란노서원은 주님 오실 때까지 이 사역들을 계속할 것입니다.

전도절벽, 물맷돌로 돌파하라

정재준 지음

[워크북]

두란노

물맷돌 무기

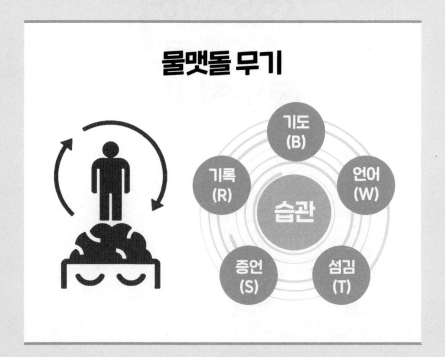

워크북을 출간하며

2020년 2월부터 2023년 1월까지 코로나19 팬데믹으로 인해 교회가 닫히고, 서로 간에 교류하기 힘든 환경에 놓여 있었습니다. 이런 상황에서 성령님의 강권적인 음성에 순종하여 《물맷돌 생활 전도》를 출간하였습니다. 이를 계기로 여러 교회의 초청을 받아 전국 곳곳을 다니며 강의를 하던 중 2023년 초, 코로나19가 종식되었다는 소식을 들었습니다. 이후 몇 교회가 전도 훈련을 요청하였습니다. 요청 받은 교회와 협의하여 훈련자를 50명으로 제한한 후 훈련을 시작했습니다. 기간은 4주, 8주 혹은 1박 2일로 구성하였으며, 모든 훈련자가 3명의 태신자를 작정했습니다. 그 시간 동안 참여 교회와 성도들에게 받은 피드백은 저에게 큰 용기를 주었습니다. 물맷돌 전도가 코로나 이후 전도장벽을 극복할 대안이겠다는 확신 또한 갖게 되었습니다. 그러나 요청하는 교회의 훈련을 혼자 감당하기에는 물리적 한계가 있음을 깨달았습니다. 그래서 교회와 소그룹, 선교단체, CBMC 등에서 누구나 훈련을 진행할 수 있는 워크북을 마련하였습니다.

그동안 전도가 부담스러워 시작을 못했거나, 전도를 하다가 번아웃 되어 낙심한 지체들에게 이 책과 워크북이 관계 전도의 새 지평을 여는 소중한 도구가 되기를, 또한 전도에 무관심한 시선과 부정적 편견의 절벽을 돌파하는 내비게이션이 되기를 소망합니다.

이 워크북이 출간될 수 있게 격려해 주신 여러 교회와 훈련을 받은 전도자들, 그리고 저의 스승이신 안산동산교회 김인중 원로목사님과 황성주 (KWMA부이사장) 박사님께 감사를 드립니다.

복음에 빚진 자
정재준 장로

5

목차

주차별 커리큘럼

- 다섯 가지 물맷돌('기도' '언어' '섬김' '증언' '기록') 중 '기록'은 모든 주제에서 함께 다루기 때문에 나머지 네 주제를 2회씩 훈련한다.

- 2회 중 한 회는 강사와 함께 훈련하고 한 회는 훈련한 내용을 체크하는 방식으로 진행한다.

- 4회와 8회로 나누는 이유는 강사가 8회 전체를 주관하느냐, 1회는 팀장 주관으로 체크하느냐에 따른 구별이다. 교회의 요청에 따라 훈련 방식을 조정할 수 있으나, 훈련은 주제 강의와 실천 여부를 체크하기 때문에 8회를 기본으로 한다(4회 또는 1박 2일 집중 훈련도 병행하고 있다).

주차	주제
1회	왜 전도자의 삶에 도전해야 하는가? (동기부여)
	지원 동기 발표 및 전도자 준비 사항과 팀별 과제 제시
2회	사회 환경 진단 및 전도절벽을 극복할 전략
	물맷돌 1. 구령의 불꽃을 지피는 기도 생활 훈련
3회	**물맷돌 2.** 관계 생태계를 복원할 언어 훈련
	체크 1. 기도 훈련 적용에 대한 발표
4회	**물맷돌 3.** 태신자를 감동시킬 섬김 훈련
	체크 2. 가정과 일터에서 적용한 언어 생활 발표
5회	**물맷돌 4.** 태신자에게 거부당하지 않고 복음을 전하는 훈련
	체크 3. 태신자를 향한 섬김 적용 발표
6회	**물맷돌 5.** 기록 훈련 & 자기 관리 원칙 정하기
	간증문과 태신자의 반응 발표 1
7회	각 팀별 과제 발표
	태신자의 반응 발표 2
8회	훈련 전후 달라진 라이프 스타일 발표
	태신자 초청 전략 발표 및 생활 선교사 파송

훈련에 들어가기 전에
: 전도에 관한 불편한 진실

1. 땅끝을 향해 가라는 명령을 붙들고 나선 선교 스토리는 풍성한데 가족, 친인척, 자녀와 손주, 친구, 직장 동료, 장기결석자, 가나안 성도 등을 향한 복음 전도 스토리는 찾아보기 힘듭니다. 누가 이들에게 복음을 전해야 하겠습니까? 주님이 다시 오실 날이 가까운 이 때에 그들을 구원한 생활 전도 스토리가 봇물 터지듯 나올 것을 소망하며 이에 대한 우리의 생각을 정리하고 나누어 봅시다.

_____

_____

2. 성경이 믿음의 조상을 통해 주는 교훈을 되새겨 봅시다.

① 노아에게서 배운다. (창 6:18)

② 아브라함에게서 배운다. (창 19:29)

③ 라합에게서 배운다. (수 6:23)

④ 사도바울에게서 배운다. (롬 9:8)

_____

_____

3. 예수님은 자신을 따르는 제자를 사람 낚는 어부, 곧 전도자로 만들겠다고 말씀하셨습니다(마 4:19). 그런데 한국 교회 안에는 전도자 그룹이 없고 전도대원 모임만 있습니다. 전도대원과 전도자는 무엇이 다른지 살펴봅시다.

....

....

4. 전도는 지상명령입니다. 교회가 박물관으로 전락하지 않기 위해 "다음 세대에 관심을 갖자"면서 전도를 축제나 초청 행사 프로그램으로만 진행한다면 무엇이 문제가 될까요?

....

....

5. 왜 성경은 구령의 불꽃을 살려 전도하는 데 올인하는 인생이 성공한 인생이라고 할까요?

....

....

6. 전도는 몇 사람을 교회에 등록시키는 차원이 아닙니다. 호흡이 멈출 때까지 감당해야 할 미션입니다. 그렇기 때문에 근본적인 질문에 대한 답을 정리해야 합니다. 아래 질문에 대해 각자의 생각을 적어 봅시다.

Q1: 왜 전도자를 사람 낚는 어부, 증인이라고 부를까요?

....

....

Q2: 주님이 이웃 구원을 우리에게 맡기신 이유는 무엇입니까?
(딛 1:3)

....

....

Q3: 우리는 왜 이 미션에 모든 것을 걸고 철저한 준비를 해야 할까요?

....

....

....

....

7. 훈련 용어

※ 책을 읽고 각자 정리해 봅시다.

1. 물맷돌 무기 :

2. 기도의 물맷돌 :

3. 황금언어 :

4. 황금기도 :

5. 황금축복 :

6. 황금어장 :

7. 진단질문 :

8. 자극질문 :

9. 생활 복음 :

10. 전인건강 :

///// **주님은 우리를 콜링(부르심)하시고 약속하셨다**

나를 따라오라 내가 너희를 사람을 낚는 어부가 되게 하리라 하시니
(마 4:19)
오직 성령이 너희에게 임하시면 … 내 증인이 되리라(행 1:8)

주께서 우리를 부르시는 목적은 '사람 낚는 어부'가 되게 함이요, 성령을 주신 목적은 '증인'이 되게 함입니다. 이 말씀에 근거하여 지금까지의 삶을 성찰하고 앞으로는 어떠한 삶을 살고 싶은지 생각을 정리해 봅시다.

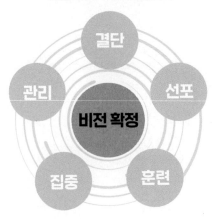

///// 콜링 받은 전도자의 준비

총론적 준비

① 예수님의 제자로 살아낼 삶의 시스템을 준비한다. (빌 3:7-8)

② 예수님의 관심에 나의 관심을 일치시킨다. (딤전 2:4)

③ 가정이 복음의 플랫폼이 되게 한다. (엡 5:33)

각론적 준비

① 비전 확정(계 22:20) : 성경이 우리에게 보여 주신 최종적 비전은 예수님의 재림이다. 우리는 이 비전에 맞춰 삶의 시스템을 갖춰야 한다. 그렇지 않으면 일회성으로 끝난다. 첫 단추는 나의 비전을 예수님의 비전으로 확정하는 것이다.

② 결단(마 4:20) : 세상의 가치가 아닌 예수님을 따라가기로 결단해야 한다. 그래야 삶의 태도가 변한다.

③ 선포(마 6:24) : 이중적 삶을 청산하기 위해 나의 정체성을 선포해야 한다.

④ 훈련(엡 6:11) : 어떤 상황에서도 복음의 향기를 뿜어내기 위해서는 예수님 공생애의 다섯 가지 생활 습관을 몸에 익히는 훈련을 지속해야 한다. 행동이 몸에 배어 있어야 즉각적으로 작동되기 때문이다.

⑤ 집중(눅 15:4, 요 1:48) : 작정한 영혼을 찾아낼 때까지 집중한다.

⑥ 관리(잠 16:32, 고전 9:27) : 전도는 영적 전쟁이다. 전쟁의 승패는 전

도자의 자기 관리에 달려 있다. 세운 원칙을 지켜내기 위한 처절한 몸부림이 필요하다

///// 왜 무기가 물맷돌인가?

그리스도인의 생활 미션은 "생활 영역에 하나님 나라가 임하게 하라"다. 이 미션을 수행할 현장은 세상의 가치와 싸우는 전쟁터다. 빛과 소금의 삶을 추구하는 우리에게 세상의 가치와 문화는 골리앗이다. 다윗이 골리앗과의 싸움에서 선택한 무기는 실 생활에서 사용하던 매끄러운 돌 다섯 개였다. 나는 이것을 벤치마킹하여(삼상 17:40) 예수님이 공생애 기간 동안 보여 주신 다섯 가지(①기도 ②언어 ③섬김 ④증언 ⑤기록) 생활 방식을 취해 습관화하였다. 그러자 전도의 문이 열리기 시작했고, 이를 물맷돌 전도라 이름 붙였다(마 11:29).

///// 왜 예수님의 생활 습관 속에서 찾아내었는가?

① 영적 전쟁

우리의 씨름은 혈과 육을 상대하는 것이 아니요 통치자들과 권세들과 이 어둠의 세상 주관자들과 하늘에 있는 악의 영들을 상대함이라 (엡 6:12)

② 생명 사역

그는 허물과 죄로 죽었던 너희를 살리셨도다(엡 2:1)

③ 예수님이 유일한 대안

예수께서 이르시되 내가 곧 길이요 진리요 생명이니 나로 말미암지 않고는 아버지께로 올 자가 없느니라(요 14:6)

④ 변화와 공격이 동시에 진행됨

오직 성령이 너희에게 임하시면 너희가 권능을 받고 예루살렘과 온 유대와 사마리아와 땅끝까지 이르러 내 증인이 되리라 하시니라(행 1:8)

⑤ 지속 가능한 과제

내가 너희에게 분부한 모든 것을 가르쳐 지키게 하라 볼지어다 내가 세상 끝날까지 너희와 항상 함께 있으리라 하시니라(마 28:20)

무기를 다루려면 훈련이 필요하다

물맷돌 전도(SET) 훈련
[The Sling-stones Evangelism Training]

///// 훈련 목적
: 복음으로 생활을 입혀 전도와 부흥의 확신을 준다.

///// 미션
: 생활 영역에 하나님 나라가 임하게 한다.

///// 물맷돌 전도법의 특징
1. 패러다임을 확 바꿔 거부당하지 않는 전도 방식이다.
2. 나의 변화와 가정 회복을 이루는 전도다.
3. 전도의 무기는 예수님 공생애의 다섯 가지 생활 습관이다.
4. 가족 구원, 친구(동료) 구원, 장결자(장기결석자) 회복 전도다.
5. 다음 세대(자녀와 손주)를 연결 고리로 전 가족 전도에 도전한다.

///// 도전 코스

1. 예루살렘(전 가족)

2. 온 유대(장기결석자)

3. 사마리아(지역 복음화)

4. 땅끝(선교)

5. 생활 영역&다음 세대

///// 물맷돌 훈련 솔루션

1. 목적

① 생활 전도자 훈련

② 생활 변혁 훈련

③ 첫 열매 경험 훈련

2. 구성: 40-50명

① 전도 팀 대원 및 직분자

② 전도를 하다 지친 성도

③ 전도를 하고 싶은데 입이 안 열리는 성도

④ 가족 구원을 갈망하는 성도

⑤ 셀(목장) 리더

3. 훈련 일정

① 주 1회 120분, 8회 ② 1박 2일 집중

4. 훈련 공간

원형 테이블 또는 팀별 나눔이 가능한 공간

5. 교재

《전도절벽 물맷돌로 돌파하라》(두란노)

※ 교회 및 지원자 준비 사항

① 교회는 지원자가 훈련에만 집중할 수 있도록 사역의 짐을 덜어 준다.

② 지원자는 훈련에 들어가기 전 태신자 세 사람을 작정하고 사전 준비물 과제(별도 제시)를 반드시 이행한다.

③ 교회는 팀 편성을 6-8명 기준으로 하고 팀장은 훈련에 전적으로 헌신할 수 있는 사람을 선정한다.

④ 팀원은 동성끼리 구성한다.

⑤ 지원자가 제출한 태신자를 놓고 전 교인이 함께 이름을 부르며 기도한다.

⑥ 전도 훈련 전담 교역자와 장로 혹은 권사 한 명을 지정한다.

⑦ 구체적인 사항은 교회와 협의하여 진행한다.

'153 도전', 어떻게 가능한가?

⁵ 예수께서 이르시되 얘들아 너희에게 고기가 있느냐 대답하되 없나이다 ⁶ 이르시되 그물을 배 오른편에 던지라 그리하면 잡으리라 하시니 이에 던졌더니 물고기가 많아 그물을 들 수 없더라 ¹¹ 시몬 베드로가 올라가서 그물을 육지에 끌어 올리니 가득히 찬 큰 물고기가 백쉰세 마리라 이같이 많으나 그물이 찢어지지 아니하였더라(요 21:5-6, 11)

///// '153 도전'을 위한 몸 풀기 체크 리스트

1. 위의 말씀을 읽어 봅시다. 본문의 키워드가 무엇이라 생각합니까?

   ....

   ....

2. 5절에서 제자들이 고기를 잡지 못한 이유가 무엇이라고 생각합니까?

   ....

   ....

3. 물맷돌 전도 훈련에 참가하게 된 동기가 무엇입니까? 훈련을 통해 얻고자 하는 것이 있다면 나누어 봅시다.

----

4. 전도 훈련은 학문적인 교육이 아닙니다. 당신이 원하는 목표를 정하고 실제로 행해야 합니다. 이 훈련에 들어가기 전에 염려가 되는 것이 있다면 무엇입니까?

----

5. 전도자의 삶을 지속하기 위해 당신이 넘어야 할 장벽은 무엇입니까?

Discussion

그물을 배 오른편에 던져라 (요 21:6)

☑ 1. 배우자, 자녀 ☑ 7. 동료인

☑ 2. 친인척 ☑ 8. 일상생활

☑ 3. 이웃 주민 ☑ 9. 사회적 약자
　　　　　　　　　　사회적 강자

☑ 4. 직장 동료

☑ 5. 거래처 고객 ☑ 10. 교회 공동체
　　　　　　　　　　　연약한 지체
☑ 6. 동문 　　　　　장기결석자

1. "배 오른편에 던지라"는 말씀이 어떻게 다가옵니까? 당신의 오른편은 어디인가요?

　　...

　　...

　　...

2. 왜 대상자를 특정해야 할까요?

　　...

　　...

　　...

헬라인이나 야만인이나 지혜 있는 자나 어리석은 자에게 다 내가 빚진 자라(롬1:14)

나의 가족, 혈육, 지인 중 대상자를 기록하되 배우자, 자녀, 부모, 친인척, 동료, 상사, 친구, 고객 순으로 기록한다(교재 198p 참고). 대상자를 작성할 때는 명함철, 동문 명부, 동호인 명부 등을 참고한다.

///// 첫 열매를 얻기 위한 실천적 도전

Discussion 1.

> # 첫 열매 도전
> · 교회 주변 주택가&골육형제 영역
> · 상가 및 병원 / 은행 / 주민센터 / 친구 / 고객 / 거래처 영역(일터 공동체)
> · 장기결석자 영역(교회 공동체)
>   3절기 예물 → 부활절 / 추수감사절 / 성탄절 및 임직 선물

1. 1차 타깃으로 세 사람을 작정하고 이유를 나누어 봅시다.

_____

_____

2. 첫 열매 도전은 왜 세 사람에서 시작해야 할까요?

....

....

....

3. 교회 주변과 생활 영역에서 대상자를 특정해 봅시다.

(ex: 교회 앞 문방구 사장)

....

....

....

4. 가나안 성도(장기결석자 또는 잠수자) / 연약자를 떠올려 봅시다.

....

....

....

5. 사령 본부에 일꾼을 신청하기

이르시되 추수할 것은 많되 일꾼이 적으니 그러므로 추수하는 주인에
게 청하여 추수할 일꾼들을 보내 주소서 하라(눅 10:2)

※ 신청서와 제안서는 강사의 설명을 따라 작성한다.

Discussion 2.

1. 마태복음 13장의 씨 뿌리는 비유와 전도는 어떤 관계가 있습니까?

....

....

....

2. 지금까지 씨를 뿌렸지만 싹이 나지 않은 이유는 무엇이라 생각합니까?

....

....

....

3. 이후 어떻게 대처해야 할까요?

....

....

....

....

4. 전도의 겨자씨는 무엇입니까?

 ....

 ....

 ....

5. 소그룹(구역, 셀, 목장)의 부흥과 교회 부흥 전략을 팀별로 세우고
   나누어 봅시다.

 ....

 ....

 ....

Discussion 3.

진단&무기&전략&섬김 (민 13장, 엡 6:10-20, 잠 24:6, 사 40:1)

1. 현장 상황을 진단해 봅시다. 왜 그렇게 해야 합니까? (막 1:34-39)

 ....

 ....

 ....

2. 이웃이 우리의 굿 뉴스를 거부하는 이유가 무엇일까요?

3. 거부당하지 않고 대상자를 나의 영적 어망 안으로 들어오게 하는 전략이 필요합니다. 이에 탁월한 전략을 짜봅시다.

4. 영적 전쟁에서 탁월한 무기는 어떤 것을 말합니까? (요일 8장)

5. 왜 훈련이 필요할까요?

///// 거부당하지 않는 물맷돌 전략

질문을 바꾸어 대상자의 관심을 자극하라.

1. "일요일엔 뭐하세요?" 상대방의 라이프 스타일을 파악한다.

[거부감 없이 마음의 문을 여는 질문]

① 당신의 자녀&손주는 몇 명이 있습니까?

② 당신은 평안하십니까?

③ 당신은 행복하십니까?

④ 당신의 꿈이 무엇인가요?

⑤ '그분'의 스토리(History)를 아시나요?

2. 전 가족을 예수님께 인도하는 전략

① 연결 매개체는 자녀와 손주다.

② 연결 고리는 황금기도&축복기도다(교재 84p 참고).

[황금기도와 황금축복이 촉발한 1석 5조 효과]

① 다음 세대(자녀와 손주)를 하나님의 파트너로 올려드린다.

② 이웃의 전 가족을 하나님께 올려드린다.

③ 위대한 후반전을 갈망하는 시니어 가슴에 불을 붙인다.

④ 일터가 하나님 나라 건설의 플랫폼으로 전환된다.

⑤ 인생에 감사와 설렘이 넘친다.

[전 가족을 예수님께 접속시키는 전략적 질문법]

2010년부터 일터에서 만나는 고객과 지인들에게 자녀와 손주를 매개로 전 가족 전도 전략을 실행했다. 그 핵심 도구는 황금언어, 황금기도, 황금축복이었다. 황금언어는 마음의 문을 열게 하고 황금기도는 전 가족을 내 어망 안으로 들어오게 하는 밑밥이 되었다. 이것은 1석 5조의 효과를 유발시킨 전략이기에 전도절벽과 맞닥뜨린 한국 교회와 열방의 전도자에게 희망의 도구가 되리라 확신한다.

3. 실천하기

[전략적 질문]

"일요일엔 뭐 하세요?"라는 질문은 누구나 자연스럽게 반응케 한다. 이후 상대방의 라이프 스타일을 파악한 후 다음과 같이 전략적 질문을 하면 거부당하지 않고 전 가족의 정보를 얻을 수 있다.

[질문과 기록]

(질문 1단계) "김 선생님, 일요일엔 뭐 하세요?"

※ '질문1'에 대해 교회를 다닌다고 대답하면, 요즘 예수님과의 관계는 어떤지 심화 질문을 던져 대화를 이어간다. 그런데 "집에서 쉰다" "애경사 다닌다" "운동 간다" 등의 대답을 하면 그에 부응하는 일상의 대화를 한 다음 전략적 질문을 한다.

(질문 2단계) "선생님, 자녀가 몇 명입니까?"

(질문 3단계) "자녀가 ○명 있다고 하셨는데, 부모가 자녀에게 줄 수 있는 가장 중요한 선물이 무엇이라고 생각하십니까?"

(질문 4단계) "자녀에게 꿈을 심어 주는 것보다 더 귀한 일은 없다고 생각합니다. 선생님은 자녀에게 어떤 꿈을 심어 주고 계십니까?"
※ 이 때 자녀에게 금수저가 아닌 꿈수저를 물려 주어야 하는 이유를 설명한다.

(질문 5단계) "자녀가 꿈을 이루었다 하더라도, 한순간에 무너질 수 있는 게 인생입니다. 한 방에 인생의 공든 탑이 무너짐을 매일같이 보고 있습니다. 무엇이 문제일까요? 행동을 결정하는 가치관이 아닐까요? 그러므로 자녀가 바른 가치관인 정직함을 갖출 수 있도록 도와주어야 하지 않겠습니까?"

(질문 6단계) "선생님, 인생 여정에서 중요한 것이 또 있다면 무엇일까요? 자녀가 좋은 친구, 좋은 스승, 믿음의 배우자를 만나는 만남의 복을 받아야 한다고 생각합니다. 이에 동의하십니까?"

(질문 7단계) "선생님, 제가 말씀드린 꿈과 가치관 형성, 만남의 복은 미래적인 영역이며, 우리가 좌지우지할 수 있는 일이 아닙니다. 그래서 저는 내일부터 선생님의 자녀와 손주들을 위해 전능하신 하나님께 기도하려고 합니다. 제가 기도를 해도 괜찮겠습니까? 그런데 기도할 때 막연하게 기도하기보다 이름을 불러 가며 기도하고 싶

은데, 자녀의 이름을 알려 주실 수 있나요?"

※ 이 때 거부하는 사람은 보지 못했다. 자녀의 이름, 학년, 특기 등을 묻고 기록한
후 다음 질문을 던진다.

(질문 8단계) "선생님, 사모님의 이름도 알려 주실 수 있나요? 자녀의
주양육자는 엄마입니다. 사모님의 마음이 평안해야 가정이 평안하
지 않겠습니까? 사모님을 위해서도 기도하겠습니다."

※ 부인의 이름을 기록하고 나서 다음 질문을 던진다.

(질문 9단계) "선생님 부부와 자녀에게 필요한 책이나 자료를 보내 드
리고 싶은데, 괜찮다면 주소를 알려주실 수 있나요?"

※ 주소를 기록하고 전체적인 기록 사항이 맞는지 다시 확인한다.

[마무리]

"선생님, 자녀를 위한 다섯 가지 기도 제목은 미래적이지만, 저는
반드시 이뤄진다는 확신이 있습니다."

※ 아래의 말씀을 함께 읽는다.

그들에게 이르기를 여호와의 말씀에 내 삶을 두고 맹세하노라 너희 말
이 내 귀에 들린 대로 내가 너희에게 행하리니(민 14:28)

[선포]

"이제 선생님의 가정은 하나님의 손 안에 있으니 두려워하지 말고
희망을 가지십시오"라고 하면서 말씀 카드를 읽는다.

전 가족을 주님께 인도한 연결 고리

황금기도

1. 꿈꾸는 자녀(손주)가 되게 하자
2. 정직의 가치관을 세워 주자
3. 좋은 친구와의 만남을 위해 기도하자
4. 훌륭한 스승과의 만남을 위해 기도하자
5. 믿음의 배우자를 만날 수 있게 기도하자

황금축복

1. 여호와는 네게 복을 주시고 너를 지키시기를 원하며
2. 여호와는 그의 얼굴을 네게 비추사 은혜 베푸시기를 원하며
3. 여호와는 그 얼굴을 네게로 향하여 드사 평강 주시기를 원하노라 할지니라 하라
4. 그들은 이같이 내 이름으로 이스라엘 자손에게 축복할지니 내가 그들에게 복을 주리라(민6:24-27)

[가정을 향한 하나님의 소원]

이 말씀을 읽고 나면 "저를 선생님에게 보내신 분께 당신과 자녀를 위해 잠시 기도를 해도 되겠습니까?"라고 물어본다. 대부분 동의한다. '아멘'의 의미를 설명하고 함께 읽었던 말씀을 압축하여 간단명료하게 기도한다.

4. 적용하기

지금까지 나눈 내용들과 배운 전략을 적용하여 다음 페이지에 가정과 소그룹 및 교회 부흥을 그림으로 그려 본다.

※ 가정과 소그룹, 교회 부흥 그림 그리기

물맷돌 전도 훈련하기

///// 물맷돌 훈련 어떻게 하는가?

시작하기 전에

- 책과 워크북을 지참한다.
- 기도로 준비하고 팀장을 선정한다(팀장 선정이 승패를 좌우한다).
- 팀별로 착석한다.
- 팀 이름을 정한다.

전체 구호

감사하자! 순종하자! 신뢰하자! 感 順 信

(이순신 장군이 나라를 구했듯, 감순신 용사는 가정과 생활 영역을 책임진다.)

훈련 시간 120분

① 팀별 나눔   ④ 개별 적용과 나눔

② 핵심 주제 강의   ⑤ 표징 체크

③ 도전 사례

훈련 원칙

① 사모함과 확신을 갖는다.

② 성령님을 전적으로 의지한다.

③ 훈련에 집중한다(핸드폰은 되도록 꺼놓는다).

④ 교재를 숙지한다.

⑤ 상호 전략을 공유한다.

훈련 콘텐츠

① 기도 : 확보 / 확신 / 확대

② 언어 : 황금언어

③ 섬김 : 진정성 10회 원칙

④ 증언 : 나의 간증 활용법

⑤ 기록 : 적자생존

적용 사례 : 도전을 주는 사례 발표

○ 예루살렘 → 전 가족
○ 온 유대 → 장결자 회복
○ 사마리아 → 지역 복음화
○ 땅끝 → 선교 베이스 캠프
○ 생활 전도 → 코로나 시대에 적용된 사례

1. 첫 번째 시간
기도

기도 순서를 바꾸다

교재 : 199p
암송 말씀 : 막 1:35, 행 1:14, 출 17:8–16, 막 9:29, 마 26:40, 눅 10:19, 민 14:28

① ⁸그 때에 아말렉이 와서 이스라엘과 르비딤에서 싸우니라 ⁹ 모세가 여호수아에게 이르되 우리를 위하여 사람들을 택하여 나가서 아말렉과 싸우라 내일 내가 하나님의 지팡이를 손에 잡고 산 꼭대기에 서리라 ¹⁰ 여호수아가 모세의 말대로 행하여 아말렉과 싸우고 모세와 아론과 훌은 산 꼭대기에 올라가서 ¹¹ 모세가 손을 들면 이스라엘이 이기고 손을 내리면 아말렉이 이기더니(출 17:8–11)

② 볼지어다 내가 내 아버지께서 약속하신 것을 너희에게 보내리니 너희는 위로부터 능력으로 입혀질 때까지 이 성에 머물라 하시니라 (눅 24:49)

사도와 함께 모이사 그들에게 분부하여 이르시되 예루살렘을 떠나지 말고 내게서 들은 바 아버지께서 약속하신 것을 기다리라(행 1:4)

여자들과 예수의 어머니 마리아와 예수의 아우들과 더불어 마음을 같이하여 오로지 기도에 힘쓰더라(행 1:14)

그러던 중 오순절에 성령강림을 맞이한다. 초대 교회의 복음 전파는 이렇게 시작되었다.

Discussion

1. ①, ②번의 말씀에서 얻는 교훈은 무엇입니까?

....

....

....

2. 제자들은 부활하신 주님께 명을 받습니다(눅 24:49). 당시 사도들과 마가 다락방에 모인 성도들은 어떤 기도를 하였기에 오순절 성령이 임재하였을까요? 상상력을 동원하여 그 당시 제자들의 기도를 다섯 개로 정리해서 기록해 봅시다(교재 204p 참고).

....

....

....

....

....

3. 기도를 통해 디모데후서 2장 21절의 말씀으로 나를 돌아봅시다.
   내 안의 어떤 독초가 발견되고 있습니까?

   ....

   ....

   ....

4. 나의 영적 건강은 어떠한지 말씀에 비추어 스스로 검증해 봅시
   다(고후 13:5).

   ....

   ....

   ....

///// 핵심 강의 1. 왜 물맷돌 기도인가?

훈련의 핵심 : 절박한 기도
① 초점기도 → 확정
② 능력기도 → 확신
③ 선포기도 → 제거&축복
④ 희망기도 → 설렘
⑤ 감사기도 → 겸손

사례 발표 → 153 도전

o 153 도전 : 기도로 심다.
o 얻은 교훈 : 순종이 답이다.
o 영적 영역 : 예루살렘
o 얻은 별명 : 정 조준
o 영적 유익 : 자신감을 얻다. 첫 승리(첫 열매)를 경험하다.

적용

① 기도 훈련을 통해 도전이 된 내용은 무엇입니까?

_____

_____

_____

② 나의 기도 생활을 살펴봅시다. 서로 나누며 문제점은 없는지 돌
아봅니다.

_____

_____

_____

③ 기도의 물맷돌을 통해 나에게 나타난 표징은 무엇입니까?

_____

_____

_____

④ 기도의 물맷돌을 통해 나타난 간증을 기록하고 함께 나누어 봅
시다.

매너리즘에 빠진 나에게 구령의 불꽃이 임했던 기도

전도자로 살아가기로 결단은 했지만 어떻게 기도를 해야 할지 막막했다. 요한복음 14장 26의 말씀을 붙잡고 성령께 가르쳐 주실 것을 간청했다. 그때 디모데후서 2장 21절의 말씀이 스크린으로 눈앞에 선명히 나타났다.

다른 것보다 회개가 선행되어야 했다. 마치 가나안 정복을 앞두고 성결의 예식을 행하라 하신 것처럼. 주님이 원하시는 그릇은 내 뼛속에 박혀 있는 온갖 암적인 악습과 쓴 뿌리가 제거된 깨끗한 그릇이어야 함을 알게 하셨다. 내 생애 첫 영적 건강 검진 시간을 맞이하게 된 것이다.

검증 체크 리스트는 십계명이었다. 나는 그동안 돌판에 직접 새겨 주신 십계명을 경히 여겨 필요에 따라 언제든 지워버릴 수 있도록 연필로 써 놓았음을 깨달았다. 이런 연유로 내 인생의 가증스런 쓰레기들이 쌓였으니 어찌 성령이 나를 통해 역사하실 수 있단 말인가? 수술대 위에서 그것들이 양파 껍질 벗겨지듯 벗겨지기 시작했다. 그 이후 내 안에 예수님의 마음, 긍휼의 마음이 부어지기 시작했다. 그 결과 나의 관심이 예수님의 관심과 포개지면서 고객과 이웃이 사랑의 대상으로 보이기 시작했다.

그때부터 한 영혼을 향한 절박한 기도가 시작되었다(눅 11:13). 그 기도의 불꽃이 내 삶의 모든 것을 복음적 시스템으로 전환하는 기폭제가 되었다. 이것이 성령 충만의 표징이지 않을까?

성령 충만은 나의 꿈을 킹덤 드림(Kingdom dream)으로 바꾸게 했다. 꿈이 바뀌자 세상의 가치를 주저함 없이 버리고 예수의 가치를 붙잡는 용기가 생겼다. 지금도 돌아보면 전도자로 결단한 그 시간이 내 인생 최고 순간이었음을 고백한다.

기도는 충전의 시간이다. 성령의 음성을 듣는 시간이다. 그러므로 나는 쉬지 말고 기도하라는 말씀에 순종하여(살전 5:17) 기도 시간 확보에 최우선을 두고 있다.

Discussion

1. 예수님은 왜 하루를 기도로 시작하셨을까요? (막 1:35)

....

....

....

2. 다윗은 골리앗과의 전쟁에서 물맷돌 다섯 개를 취했지만 그중 하나만 사용했습니다. 그 결정적인 한 방은 어떤 돌이었을까요? 상상력을 동원해 봅시다. (삼상 17:40)

....

....

....

3. 영적 전쟁에서 물맷돌 다섯 기도가 왜 필요할까요?

_____

_____

_____

4. 전도자는 기도에 실패하지 않기 위해 어떤 원칙을 세워야 할까요?

_____

_____

_____

5. 전도는 왜 명단을 작성하고 기도의 자리에서 이름을 불러가며 시작해야 할까요?

_____

_____

_____

_____

6. 당신은 어떤 계기로 기도의 중요성을 깨닫게 되었나요? 기도를 통해 응답 받은 간증을 나누어 봅시다. (3분을 넘기지 않습니다)

---

7. 대상자를 작정하면 하나님께 어떻게 감사드리겠습니까?

---

8. 자신과 작정 대상자를 불러가며 물맷돌 기도를 해봅시다.

(교재 207-212p 참고)

---

9. 훈련을 잘 받기 위한 아이디어를 함께 나누어 봅시다.

2. 두 번째 시간
언어

모국어(부정적 언어)를 황금(긍정)언어로 바꾸다

교재 : 213p
암송 말씀 : 잠 18:21, 골 4:6, 약 3:6-8

두 번째 시간에 들어가기에 앞서 교재 217p에 있는 〈Self 언어 Check Point〉를 작성해 봅시다.

Discussion

① 복음 사역을 하는데 왜 언어 습관을 바꿔야 할까요? (마 18:6, 민 14:28, 롬 1:29, 약 3:8)

....

....

....

....

① 위로의 언어(사 40:1) → 회복

② 칭찬의 언어(잠 27:21) → 희망 자극

③ 격려의 언어(히 10:24) → 가능성 자극

④ 질문의 언어(창 3:9) → 필요 파악

⑤ 경청의 언어(왕상 3:9) → 분별의 지혜

사례 발표 → 온 유대 영역 = 교구 장결자

○ 231 가정 회복 : 눈물과 감동의 순간이었다.
○ 얻은 교훈 : 잠자는 셀 리더를 깨우자
○ 영적 영역 : 온 유대
○ 얻은 별명 : 못 말리는 장로
○ 영적 유익 : 복음의 사각지대를 회복하다.

적용

① 언어 훈련을 통해 도전이 되는 내용은 무엇이었나요?

....

....

....

....

....

② 강의와 나눔을 통해 나에게 적용할 원칙은 무엇입니까?

....

....

....

③ 나의 경청 능력을 스스로 평가해 봅시다. 10점을 만점으로 하면
   몇 점입니까? 그렇게 생각한 이유는 무엇입니까?

....

....

....

....

④ 언어 사용에 실패하지 않을 좋은 아이디어가 있다면 나누어 봅
   시다.

....

....

....

....

⑤ 나를 가장 기분 나쁘게 하는 말은 어떤 말입니까? 그 말을 들으면 어떻게 극복합니까?

....

....

....

⑥ 말에 관한 속담을 기록하고 어떤 것들이 있는지 함께 나누어 봅시다.

....

....

....

⑦ 내 주변의 사람들을 돌아봅시다. 그 사람의 강점을 찾아서 기록하고 황금언어로 칭찬해 봅시다.

짝	
팀장	

배우자	
자녀	
담임목사&교인	포스트잇에 기록하여 제출

Discussion

1. 전도자는 왜 부정 언어를 황금(긍정)언어로 교체하는 훈련을 해
   야 할까요? 아래의 말씀을 찾아 읽고 깊이 묵상하며 그 이유를
   생각해 봅시다.

   (약 3:1-12, 잠 18:21, 왕상 3:9, 창 3:9, 사 40:1, 잠 27:21, 히 10:24)

   _____

   _____

   _____

2. 나의 언어 습관 중 버려야 할 부정 언어가 있는지 생각해 봅
   시다.

   _____

   _____

3. 부정 언어를 황금언어로 바꾸기 위해 어떤 노력을 하면 좋을
   까요?

4. 황금언어를 주변 사람들에게 사용해 보고, 가족과 주변, 태신자
   로부터 어떤 반응이 돌아왔는지 나누어 봅시다.

   ※ 언어 생활의 변화를 위해서 성령님께 집중적으로 기도해야 합니다. 언어
   습관은 이미 고착되어 있기 때문입니다. 우리는 어떤 경우에 있든지 부정 언
   어를 사용하지 않게 해 달라고 간구해야 합니다(사 6:5-6). 기도로 담긴 언어는
   사랑의 언어임을 확신해야 하며, 침묵과 절제를 적절하게 활용해야 합니다.

3. 세 번째 시간

섬김

섬김을 바꾸다

교재 : 223p
암송 말씀 : 마 20:28, 골 3:23

섬김의 현상

전도자의 몸에서 뿜어져 나오는 거룩의 향기가 섬김이다.

'기도'와 '언어' 물맷돌은 결단만 하면 의지적으로 누구든지 취할 수 있다. 그러나 '섬김'의 물맷돌은 몸과 내면의 에너지를 전부 사용해야 하기에 녹록치 않다. 주님의 사랑이 모두에게 감동이 되는 것은 자원하여 목숨까지 대속물로 주신 종의 태도에 있다. 섬김은 종의 태도에서 시작된다.

27너희 중에 누구든지 으뜸이 되고자 하는 자는 너희의 종이 되어야 하리라 28 인자가 온 것은 섬김을 받으려 함이 아니라 도리어 섬기려 하고 자기 목숨을 많은 사람의 대속물로 주려 함이니라(마 20:27-28)

전도자는 주님을 따르는 종이다. 주님을 따르는 길에는 반드시 자기 십자가가 있다. 우리도 그 십자가를 지고 가야 한다. 이웃 구원에 필연적인 섬김이기 때문이다(눅 9:23).

Discussion

예수님의 섬김과 나의 섬김을 비교해 봅시다.

....

....

....

///// **핵심 강의 3. 왜 황금섬김인가?**

1. 태신자를 감동시키기에 앞서 감동시킬 또 한 분은 누구라고 생각합니까?

....

....

....

....

2. 섬김의 10원칙에 대해 설명해 봅시다.

3. 섬김의 첫 시작은 어떻게 해야 합니까?

4. 왜 자비량으로 해야 합니까?

5. 언제까지, 어느 범위에서 해야 합니까?

6. 섬김의 임계점은 무엇이라고 생각합니까?

7. 섬김의 여덟 가지 방식에 대해 설명해 봅시다.

① 기도   ⑤ 식사 초대

② 언어   ⑥ 티 타임

③ 편지   ⑦ 전화

④ 문자   ⑧ 선물

사례 발표 → 지역 복음화

○ 600명 도전 : 확신을 갖고 올인하다.
○ 얻은 교훈 : 성령을 소멸치 말자
○ 영적 영역 : 사마리아
○ 얻은 별명 : 걸어다니는 교회
○ 영적 유익 : 땅끝을 향한 기반이 되다.

적용

① 섬김 훈련을 통해 도전이 되는 내용은 무엇이었나요?

....

....

② 현재 내가 대상자를 섬기는 방식은 어떠한지 나누어 봅시다.

....

....

....

③ 한 주간 대상자를 향한 나의 감사와 섬김을 기록해 봅시다.

감사
1.
2.
3.
4.
5.

섬김
1.
2.
3.
4.
5.

Discussion

1. 대상자를 섬기는 영역에서 내가 가장 어려움을 느끼는 것은 무엇입니까?

(기도, 언어, 편지, 문자, 식사 초대, 티 타임, 전화, 선물, 방문)

2. 가장 효과적인 섬김은 어떤 것입니까?

증언

증언을 바꾸다

교재 : 230p
암송 말씀 : 행 1:8, 요 3:11

Discussion

1. 수많은 전도 프로그램과 전도 초청 행사를 진행하였음에도 절벽
   과 맞닥뜨린 이유가 무엇이라 생각하나요?

   ....

   ....

   ....

2. 이웃에게 예수님을 증언할 때 어떤 감동이 임하나요?

   ....

   ....

3. 간증할 때 상대방의 반응은 어땠나요?

_____

_____

_____

4. 사도 바울처럼 인생 변화를 정리해 보는 것이 마라나타 신앙을 확정하는데 결정적 역할을 한다고 확신합니다. 그렇다면 마라나타 신앙을 지속하기 위한 삶의 원칙은 어떻게 세워야 할까요?

_____

_____

_____

///// 핵심 강의 4. 나의 간증은 무엇인가?

1. 우리를 택하신 하나님의 뜻(사 43:10, 행 1:8, 시 23:3)
2. 요한의 증언(요 1:7), 예수님의 증언(요 8:38), 사도의 증언(행 1:22)
3. 바울의 증언(행 20:24)
4. 증인의 자격
5. 증언의 핵심
6. 증언의 효력
7. 성령 충만의 표징
8. 나만의 스토리텔링(행 29장)

사례 발표 → 땅끝을 향하다 (우간다, 스리랑카)

o NGO를 통한 선교베이스 캠프 구축
o 얻은 교훈 : 말씀의 능력은 순종하면 경험한다.
o 영적 영역 : 땅끝
o 얻은 별명 : 홍길동 장로
o 영적 유익 : 증인의 코스, 4코스를 경험하다.

적용

1. 증언 훈련을 통해 도전이 되는 내용은 무엇이었나요?

....

....

....

....

....

2. 나의 간증이 왜 필요할까요?

....

....

....

....

....

※ 간증문 작성 기준

① 성경이 믿어지고, 읽고 싶은 충동이 일어나는가?

② 가치관과 꿈이 바뀌었는가?

③ 예수 그리스도의 십자가 대속 사건이 나를 위한 것으로 믿어지는가?

④ 하나님의 자녀임이 확실하게 믿어지는가?

⑤ 죄 문제를 해결 받았다는 사실이 믿어지는가?

⑥ 삶의 의미를 발견했는가?

⑦ 죽음이 두렵지 않게 되었는가?

⑧ 성품이 변화되고 있는가?

⑨ 옛 사람의 언어가 새 사람의 언어로 바뀌고 있는가?

⑩ 내 아내와 가족이 하나님이 주신 최고의 선물로 여겨지는가?

⑪ 내 심령에 말할 수 없는 기쁨·평안·용기가 솟아나는가?

⑫ 부활 승천하신 주님이 심판의 주님으로 재림하신다는 말씀이 그대로 믿어지는가?

변화한 내용을 담아 간증문을 기록하고 발표해 봅시다.

(3분 이내로 압축하여 발표합니다. 교재 236p 참고)

나의 간증문(행 22장, 26장)

예수 믿기 전

....

....

....

....

예수 믿게 된 계기

....

....

....

....

예수 영접 후의 변화

....

....

....

....

5. 다섯 번째 시간
기록

기록을 시작하다

교재 : 240p

하나님은 우리에게 말씀을 기록하고 외우게 하셨다(출 17:14). 성경은 전체가 하나님의 말씀을 기록한 하나님의 편지다. 특히 십계명은 돌판에 기록하게 하셨다(출 24:12). 왜 하필 돌판이었을까? 들은 것에 더욱 유념하여 흘러 떠내려가지 않게 하기 위함이다(히 2:1).

> ¹ 데오빌로여 내가 먼저 쓴 글에는 무릇 예수께서 행하시며 가르치시기를 시작하심부터 ² 그가 택하신 사도들에게 성령으로 명하시고 승천하신 날까지의 일을 기록하였노라(행 1:1-2)

기록을 해야 하는 이유는 인간의 기억력에 한계가 있기 때문이다. 중요한 정보를 기록하지 않으면 관심이 사라지기 쉽다. 전도자가 길 잃은 양 한 마리를 찾아 주인께 인도하는 일은 생명을 걸고 전념해야 할 거룩한 과업이다. 이 과업은 가장 소중한 보화를 맡은 청기기로서의 주요 미션이기에, 전도의 진행 과정을 기록하는 것은 맡은 자의 최소한의 의무다. 현대판 '적자생존'은 '적는 자만이 살아남는다'는 뜻이다. 전도자인 나는 이렇게 적용한다.

기록할 태신자 정보

① 가족(배우자, 자녀)의 이름과 나이(혹은 학년)

② 관심사

③ 건강 관리법

④ 영향을 받은 사람(책, 드라마 등)

⑤ 꿈, 희망사항

나의 생활 기록

① 매일 물맷돌 감사일기 기록(감사 제목 5개)

② 태신자 섬김과 그에 따른 반응 기록

Discussion

각자 기록하는 습관에 대해 나누고, 기록하는 습관을 형성하기 위한 아이디어를 모아 팀별로 발표해 봅시다.

_____

_____

_____

_____

_____

_____

_____

_____

_____

_____

///// 부 록

1. 전도자가 암송할 말씀

[말씀카드]

천지 창조에 대한 선언

태초에 하나님이 천지를 창조하시니라(창 1:1)

사람이 흙의 소산물을 먹어야만 하는 근거

여호와 하나님이 땅의 흙으로 사람을 지으시고 생기를 그 코에 불어넣
으시니 사람이 생령이 되니라(창 2:7)

우리를 향한 하나님의 소원

24 여호와는 네게 복을 주시고 너를 지키시기를 원하며 25 여호와는 그의
얼굴을 네게 비추사 은혜 베푸시기를 원하며 26 여호와는 그 얼굴을 네게
로 향하여 드사 평강 주시기를 원하노라 할지니라 하라(민 6:24-26)

기도를 신중하게 해야 하는 근거

그들에게 이르기를 여호와의 말씀에 내 삶을 두고 맹세하노라 너희 말
이 내 귀에 들린 대로 내가 너희에게 행하리니(민 14:28)

우리가 구원을 받고 고침을 받는 근거

5 그가 찔림은 우리의 허물 때문이요 그가 상함은 우리의 죄악 때문이
라 그가 징계를 받으므로 우리는 평화를 누리고 그가 채찍에 맞으므로
우리는 나음을 받았도다 6 우리는 다 양 같아서 그릇 행하여 각기 제 길

로 갔거늘 여호와께서는 우리 모두의 죄악을 그에게 담당시키셨도다
(사 53:5-6)

하나님의 자녀가 되는 방법은 고백이다
¹² 영접하는 자 곧 그 이름을 믿는 자들에게는 하나님의 자녀가 되는 권세를 주셨으니 ¹³ 이는 혈통으로나 육정으로나 사람의 뜻으로 나지 아니하고 오직 하나님께로부터 난 자들이니라(요 1:12-13)

우리를 향한 하나님의 사랑
하나님이 세상을 이처럼 사랑하사 독생자를 주셨으니 이는 그를 믿는 자마다 멸망하지 않고 영생을 얻게 하려 하심이라(요 3:16)

약속을 믿는 자에게 주시는 소망
내가 진실로 진실로 너희에게 이르노니 내 말을 듣고 또 나 보내신 이를 믿는 자는 영생을 얻었고 심판에 이르지 아니하나니 사망에서 생명으로 옮겼느니라(요 5:24)

하나님 사랑은 내가 태어나기 전에 완성되었다
우리가 아직 죄인 되었을 때에 그리스도께서 우리를 위하여 죽으심으로 하나님께서 우리에 대한 자기의 사랑을 확증하셨느니라(롬 5:8)

죄책감, 열등감에서 벗어날 수 있는 근거
¹ 그러므로 이제 그리스도 예수 안에 있는 자에게는 결코 정죄함이 없나니 ² 이는 그리스도 예수 안에 있는 생명의 성령의 법이 죄와 사망의 법에서 너를 해방하였음이라(롬 8:1-2)

믿음은 최고의 선물이다

너희는 그 은혜에 의하여 믿음으로 말미암아 구원을 받았으니 이것은 너희에게서 난 것이 아니요 하나님의 선물이라(엡 2:8)

하나님의 소원

하나님은 모든 사람이 구원을 받으며 진리를 아는 데에 이르기를 원하시느니라(딤전 2:4)

하나님의 인내

주의 약속은 어떤 이들이 더디다고 생각하는 것 같이 더딘 것이 아니라 오직 주께서는 너희를 대하여 오래 참으사 아무도 멸망하지 아니하고 다 회개하기에 이르기를 원하시느니라(벧후 3:9)

인격적으로 초청하시는 하나님

볼지어다 내가 문 밖에 서서 두드리노니 누구든지 내 음성을 듣고 문을 열면 내가 그에게로 들어가 그와 더불어 먹고 그는 나와 더불어 먹으리라(계 3:20)

[사영리]

하나님의 계획

도둑이 오는 것은 도둑질하고 죽이고 멸망시키려는 것뿐이요 내가 온 것은 양으로 생명을 얻게 하고 더 풍성히 얻게 하려는 것이라(요 10:10)

사람은 모두가 죄인이다

모든 사람이 죄를 범하였으매 하나님의 영광에 이르지 못하더니 (롬 3:23)

예언대로 죽으시고 부활하신 예수님

³ 내가 받은 것을 먼저 너희에게 전하였노니 이는 성경대로 그리스도께서 우리 죄를 위하여 죽으시고 ⁴ 장사 지낸 바 되셨다가 성경대로 사흘 만에 다시 살아나사 ⁵ 게바에게 보이시고 후에 열두 제자에게와 ⁶ 그 후에 오백여 형제에게 일시에 보이셨나니 그 중에 지금까지 대다수는 살아 있고 어떤 사람은 잠들었으며(고전 15:3-6)

예수 그리스도만이 생명의 길이다

예수께서 이르시되 내가 곧 길이요 진리요 생명이니 나로 말미암지 않고는 아버지께로 올 자가 없느니라(요 14:6)

복음은 차별이 없다

¹⁶ 내가 복음을 부끄러워하지 아니하노니 이 복음은 모든 믿는 자에게 구원을 주시는 하나님의 능력이 됨이라 먼저는 유대인에게요 그리고 헬라인에게로다 ¹⁷ 복음에는 하나님의 의가 나타나서 믿음으로 믿음에 이르게 하나니 기록된 바 오직 의인은 믿음으로 말미암아 살리라 함과 같으니라(롬 1:16-17)

사랑의 내용

¹ 내가 사람의 방언과 천사의 말을 할지라도 사랑이 없으면 소리 나는 구리와 울리는 꽹과리가 되고 ² 내가 예언하는 능력이 있어 모든 비밀과 모든 지식을 알고 또 산을 옮길 만한 모든 믿음이 있을지라도 사랑이 없으면 내가 아무 것도 아니요 ³ 내가 내게 있는 모든 것으로 구제하고 또 내 몸을 불사르게 내줄지라도 사랑이 없으면 내게 아무 유익이 없느니라(고전 13:1-3)

※ "사랑이 없으면"을, "전도하지 않으면", "예수님께로 인도하지 않으면"으로 읽는다.

2. 생활 선교사로 결단한 지체에게 건네는 십계명

① 기회를 붙잡아라 : 인생 반전의 기회를 주신 하나님께 감사, 순종, 신뢰하자. (마 4:19-20, 마 28:20, 빌3:12)

② 뇌를 청소하라 : 성령님의 임재를 날마다 경험하기 위해 나의 뇌 속에 박혀 있는 온갖 쓰레기(탐심, 편견, 선입견, 시기, 질투, 분노, 음란, 거짓, 게으름, 외식)를 버리자. (딤후 2:21)

③ 영적 최고 사령부(뇌)가 성령님 지배하에 있게 하라. (갈 5:16-17, 렘 6:19)

④ 태신자가 언제나 영적 레이더망 안에 머물게 하라. (갈 4:19)

⑤ 포기하지 말라. (갈 6:9)

⑥ 마라나타 고백이 혈관을 흐르게 하라. (계 22:20)

⑦ 물맷돌 훈련을 지속하라 : 단순, 반복, 지속. (딤후 2:4)

⑧ 정한 생활 원칙을 순교적 자세로 지켜내라. (눅 9:23)

⑨ 자유인으로 살아 내라. (요 8:32)

⑩ 누림과 힐링을 셀프로 하라. (막 6:31)

3. 빌립 집사(행 8:35)를 벤치마킹한 접속 문장 tip!

① 교회마다 첨탑에 무엇이 걸려 있나요?

② 십자가는 무엇을 알려 주는 표지판일까요?

③ 우리가 왜 토지의 소산물을 먹지 않으면 안 될까요?

④ 사람이 죽으면 왜 '돌아가셨다'고 할까요?

⑤ 바람과 공기, 소리는 보이지 않는데, 무엇으로 그 존재를 인정하지요?

⑥ 내 방에 어둠을 몰아내기 위해 무엇이 필요할까요?

⑦ 세상엔 어망, 새망, 법망이 있는데, 조물주에겐 어떤 망이 있을 것 같나요?

⑧ 인생의 방향과 속도 중 어떤 것이 우선일까요?

⑨ 옷에 첫 단추가 잘못 꿰어져 있으면 어떻게 해야 할까요?

⑩ 인생에서 가장 복된 만남은 어떤 것일까요?

⑪ 방 안에 불을 밝히려면 어떻게 해야 하나요?

⑫ 세상에 존재하는 물건 중에 목적 없이 만들어지거나 생겨난 게 있을까요?

⑬ 예수라는 이름의 뜻을 들어 보셨나요?

⑭ 우리가 예수님을 믿지 않으면 안 되는 이유에 대해 들어 보셨나요?

⑮ 로댕의 작품 '생각하는 사람'은 무엇을 바라보고 있는지 아시나요?

⑯ 우리는 태어나면서부터 탐욕과 죄를 멀리하라고 교육받았음에도, 왜 하나같이 욕심에서 자유로울 수 없는 걸까요?

⑰ 당신은 인생 내비게이션을 갖고 계신가요?

⑱ 당신은 왜 예수쟁이들이 예수를 자랑하고 다니는지 생각해 본 적이 있나요?

⑲ 누군가가 설계도 없이 건축물을 짓는다면 뭐라고 하겠습니까?

⑳ 대형 선박의 설계 원리 기준은 어디에서 벤치마킹한 것인지 알고 계신가요?

4. 선포기도문

전도는 영적 전쟁이다. 사탄은 자기 지배 아래에 있는 영혼의 마음을 혼미케 하여 말씀을 듣지 못하게 한다(고후 4:4).

사탄을 제압할 영적 무기인 기도와 말씀으로 무장하지 않으면 승리할 수 없다. 전략을 수립하고 악한 영들을 제압할 선포기도를 수시로 하라. 전쟁에서 고지를 점령하기 위해 전투기가 먼저 적의 진지를 융단 폭격하는 것처럼 말씀에 의지하여 사탄의 권세를 제압하는 선포기도를 시도 때도 없이 하라(눅 10:19).

나를 향한 선포기도

나(전도자)를 때때로 힘들게 하고 무기력하게 만들고 죄책감, 열등감을 갖게 하는 사탄 마귀는 예수 그리스도의 이름으로 명하노니 내 영혼에서 당장 떠나가라!

태신자를 향한 선포기도

김○○(전 가족 이름)의 영혼 속에 있는 어둠의 영, 사탄 마귀는 예수 그리스도의 이름으로 명하노니 김○○의 영과 혼, 육체와 가정에서 떠나가라!

지역을 향한 선포기도

(우리) 지역에 있는 미혹의 영, 자살의 영, 음란의 영, 거짓의 영들은 예수 그리스도의 이름으로 명하노니 이 도시에서 떠나가라!

5. 전도 대상자를 만나기 전, 만났을 때 체크할 사항

① 성령님의 인도를 구하라. 최소 2주 동안 그 영혼을 위해 기도하고 감사헌금으로 먼저 감사한다.

② 전 가족의 이름을 영어 단어 외우듯 정확하게 암송하라. 가장 좋은 기억 방법은 기도다. 매일 전 가족의 이름을 부르며 기도하면 저절로 새겨진다.

③ 당당하게 선포기도 하라.

④ 메모할 수첩을 소지하였는지 확인하라.

⑤ 황금언어를 사용하라.

⑥ 조급해하지 마라. 결과는 주님께 맡긴다.

⑦ 진솔하라.

⑧ 친구가 되어 주라.

⑨ 질문과 추임새를 적절히 넣으라.

⑩ 전도 대상자를 보물로 여기라.

※ 훈련 마무리: 각자 전도자에 도전하는 이유를 정리해 봅시다.

6. 파송

1. 별지 양식에 있는 나의 훈련 전/후의 변화 내용을 기록해 봅시다. 섬김 목록도 기록하여 함께 발표합니다.

....

....

....

2. 가정과 일터와 소그룹에서 생활 전도를 전염시킬 전략을 나누어 봅시다.

....

....

....

3. 이 훈련이 당신 인생의 후반전을 반전시키는 결정적 계기가 되었습니까? 그렇게 생각한 이유를 나누어 봅시다.

....

....

....

....

....

4. 당신은 "각자의 가정과 일터가 선교지다"라는 구호에 대해 어떤 생각이 드십니까?

....

....

5. 태신자를 정하고 섬기면서 어떤 변화가 일어났나요?

....

....

6. 물맷돌 훈련을 주위에 소개하고 훈련을 받도록 적극 권유할 생각이 있습니까?

....

....

7. 훈련을 마친 소감을 나누어 봅시다.

....

....

훈련 전/후의 변화

체크 항목	훈련 참여 전(Before)	훈련 후(After)
가정 예배 생활		
기도 생활		
언어 생활		
섬김 생활		
증언 생활		
기록 생활		
도전의 말씀		
관활 습관		

이웃을 Blessing(축복)하라

Begin → 기도로 시작한다.

Listen → 경청한다.

Eat → 먹는 자리에 초대한다.

Serve → 뜨거운 가슴으로 섬긴다.

Share → 간증을 공유한다.

… ing → 진행형이다.

NOTE

4. 당신은 "각자의 가정과 일터가 선교지다"라는 구호에 대해 어떤 생각이 드십니까?

5. 태신자를 정하고 섬기면서 어떤 변화가 일어났나요?

6. 물맷돌 훈련을 주위에 소개하고 훈련을 받도록 적극 권유할 생각이 있습니까?

7. 훈련을 마친 소감을 나누어 봅시다.

굿 뉴스를 거절하는
전도절벽의 시대,

물맷돌 전도는 이런 세대를
아우르는 전략적 전도방법이다